Josef Carl Grund

Das Geheimnis der Pyramide

KATTARASENKE
Sphinx mit
Cheopspyramide
bei Gizeh
LIBYSCHE WÜSTE
Kasr Farafra
N
200 km

Mittelmeer
Jerusalem
Port Said
Gasa
Suezkanal
Kairo
Gizeh
Memphis
Suez
SINAI
Al Akaba
Nil
Al Amarna
Asjut
Achmim
adsch Hammadi
Theben
Karnak
Luxor
Rotes Meer
Nil
Assuan
empel von Abu Simbel
NUBISCHE WÜSTE
Abu Simbel

Josef Carl Grund

Das Geheimnis der Pyramide

Eine Erzählung
aus dem alten Ägypten

Zeichnungen von
Hans G. Schellenberger

Auer Verlag GmbH

Gedruckt auf umweltbewusst gefertigtem, chlorfrei gebleichtem und alterungsbeständigem Papier.

1. Auflage. 2003
Nach der Neuregelung der deutschen Rechtschreibung

Illustrationen: Hans G. Schellenberger
Gesamtherstellung: Ludwig Auer GmbH, Donauwörth
ISBN 3-403-0**4101**-8

Inhalt

Zur Sache 8
Die Hauptpersonen 11

Bringt sie lebend 12
Verschworene 14
Bis zu den Sternen 27
Der Meister aller Magier 31
Der Sturm 38
Die Beschwörung 41
Im Namen des Pharaos 51
Begnadigt 68
Zwangsarbeit 80
Sesostris 92
Der Bote 101
Die Schlange 114
Senti und Sedech 117
Achet Chufu 129
Ein Wunder 135
Der Hinker 140
Das Wiedersehen 150
Hilfe für Dag? 154
34 Jahre später 162
Das Geheimnis 169

Wort- und Sachverzeichnis 178

Zur Sache

Im Altertum galten die Pyramiden bei Gizeh als erstes der Sieben Weltwunder. Vor viereinhalbtausend Jahren waren sie als „ewige Wohnungen" für ägyptische Gottkönige errichtet und mit reichen Schätzen ausgestattet worden. Durch Jahrhunderte hindurch wurden sie von Grabräubern geplündert und sind Wunder geblieben.

Dank Archäologen des vergangenen und unseres Jahrhunderts wurden wertvolle Zeugnisse von damals dem Zugriff zahlungskräftiger Schacherer entzogen und in Museen erhalten.

In ihren Gräbern (und Pyramiden sind Königsgräber) hinterließen uns die alten Ägypter viel Wissenswertes in Bildern, Schriftzeichen und Grabbeigaben, die von Räubern nicht entdeckt wurden. „Totenbücher" erzählen aus dem Leben „Verewigter". Auf geretteten Papyri lesen wir Berichte von damals. Viele gleichen Märchen mit krassen Übertreibungen. So der Papyrus mit der Geschichte von dem Magier Dedi. Ich übertrage sie in die Sprache unserer Zeit: „Er (Dedi) ist hundertzehn Jahre alt. Er verzehrt fünfhundert Brote und das Fleisch eines halben Ochsen. Dazu trinkt er hundert Krüge Bier. Er kann einen abgeschnittenen Kopf anheilen. Er lässt einen Löwen, der nicht angeleint ist, hinter sich hergehen."

Um das (und manches andere Überlieferte) zu verstehen, muss man ein wenig „querdenken". Dedis hundertzehn Jahre zum Beispiel sind das ideale Alter, das sich die Ägypter damals erhofften. Die Riesenmahlzeiten („das gewaltige Fressen und Saufen", sagte mein Freund Anwar in Kairo) dürfen wir erst recht nicht

wörtlich nehmen. Sie versinnbildlichten die übermenschlichen Kräfte des Alten und hoben sein Ansehen. Das Kopfanheilen dürfte Massensuggestion gewesen sein, das Nachlaufen des Löwen auf Hypnose beruht haben.
In meiner Geschichte rücke ich den guten Dedi ein wenig zurecht, ohne den Respekt vor ihm zu verlieren. So gehört auch diese Episode zu den Überlieferungen, nach denen ich meine historischen Erzählungen gestalte.
In der Bundesrepublik Deutschland vermitteln u. a. die Staatlichen Museen in Berlin wertvolle Erkenntnisse. Beobachtenswert ist die Papyrussammlung im Bodemuseum. Auch wer die geheimnisvollen Schriftzeichen nicht zu deuten versteht, ist von ihrem Zauber beeindruckt.
Meine Erzählung spielt zur Zeit der 4. Dynastie, deren Pharaonen von etwa 2630 bis 2475 vor Christus regierten. Der Begründer dieses Herrschergeschlechtes ist Pharao Snofru. „Er regierte 25 Jahre lang", steht in den meisten Geschichtsbüchern. Nach neuesten Erkenntnissen herrschte er länger als 40 Jahre. Doch was bedeuten schon 15 Jahre mehr oder weniger im Lauf der Jahrtausende.
Der bedeutendste Gottkönig der 4. Dynastie war Chufu, der sich das größte Grabmal auf Erden errichten ließ. Von der Chufupyramide habt ihr wohl ebenso wenig gehört wie von dem Pharao, nach dem sie benannt ist. Besser kennt ihr Chufu sicher unter dem Namen, den ihm griechische Geschichtsschreiber gegeben haben: Pharao Cheops. Zur Cheopspyramide bei Gizeh zieht es jedes Jahr Tausende Besucher. So nenne auch ich den Gottkönig Chufu in meiner Erzählung

„Pharao Cheops". Wer ganz genau sein möchte, möge jedes Mal „Chufu" lesen, wenn der Name „Cheops" in diesem Buch auftaucht.
Cheops (oder Chufu) ist jedoch nicht die Hauptperson. Wie in meinen anderen geschichtlichen Erzählungen bewegt mich auch jetzt wieder das Schicksal der kleinen Leute, „die für die Großen da sein müssen".
Hier für die Pyramide des Cheops.
Zweieinhalb Tonnen wog jeder der zwei Millionen Steinblöcke, die von Freiwilligen, Zwangsverpflichteten und Sklaven zum größten Grabmal der Erde aufgetürmt wurden.
Die Geschichte von dem Jungen Sedech und dem Mädchen Senti, von den sieben Verschwörern, dem Offizier Ranef und dem Schreiber Sesostris ist uralte Überlieferung. Orientalische Märchenmänner erzählen sie heute noch.
Mein erstes Ägyptenbuch unter dem Titel „Rette dich, Pharao" hat viele Leser gefunden. Ich würde mich freuen, wenn „Das Geheimnis der Pyramide" ebenso viele Freunde fände.

Josef Carl Grund

Die Hauptpersonen

Pharao Cheops (Chufu), Sohn und Nachfolger des verewigten Pharaos Snofru
Meritites, seine Gemahlin
Hetepheres, seine Mutter
Prinz Hemiu, oberster Baumeister
Ranef, Offizier der königlichen Garde
Scherit, Besitzerin einer vornehmen Schenke
Senit, ihre Tochter
Dag, Wirt einer Hafenkneipe
Baket, seine Frau
Sedech, sein Stiefsohn
Sesostris, königlicher Schreiber
Dedi, ein berühmter Magier

Bringt sie lebend

Vierzig Jahre lang hatte Pharao Snofru als Gottkönig über Ägypten geherrscht.
Er war ein *starker* König gewesen. Streitigkeiten unter den Mächtigen des Landes hatte er von seinen Kriegern unterdrücken lassen. Überfälle auf Nubien und Libyen hatten Tausende Sklaven und Rinder als Beute gebracht.
Er war ein *weitblickender* König gewesen. Auf der eroberten Sinai-Halbinsel hatte er die Bergwerke erweitern lassen, in denen Kupfererz und Türkise abgebaut wurden. Längs des Nils hatte er Wirtschaftsgüter gegründet, deren Erträge hohen Gewinn abwarfen. Er hatte die ägyptische Flotte vergrößert, um Waren, die es im eigenen Lande nicht gab, in großen Mengen einzuführen, vor allem das kostbare syrische Zedernholz.
Er war ein *guter* König gewesen. Das sagten jene, die unter seiner Herrschaft im Überfluss gelebt hatten. Das behaupteten vor allem seine Verwandten, denen er sagenhafte Reichtümer hinterließ.
Nun war er zu den Göttern gegangen. Kunstfertige Priester hatten seinen Körper einbalsamiert und mit Leinenbinden umwickelt, um ihn für die Ewigkeit zu erhalten.
In festlichem Zug war der mit heiligen Schriftzeichen bemalte Holzsarg in den Totenpalast getragen worden, dessen Bau der Pharao im dreißigsten Jahr seiner Regierung befohlen hatte. Es war eine gewaltige, weithin sichtbare Pyramide. Zwei Tagesreisen (etwa 60 km) südlich der Stelle, an der sich der Nilstrom in zwei Haupt- und zahlreiche Nebenmündungsarme ver-

zweigt, überragte sie auf dem höchsten Punkt der Wüstenhochfläche das Westufer des Stromes.
In der Grabkammer der Pyramide war der Holzsarg mit der Mumie in einen Steinsarkophag gelegt und dieser verschlossen worden. Zahlreiche Grabbeigaben – Speisen, Getränke, Waffen, Schmuck und kostbare Gewänder – sollten dem Pharao das Leben im Jenseits angenehm machen. Priester hatten die Himmelsgöttin Nut beschworen, den göttlichen Snofru in ihre Herrlichkeit aufzunehmen – und grässliche Flüche über jene gesprochen, die es wagen sollten, in die Pyramide einzudringen.
Der Zugang zur Grabkammer war mit mächtigen Fallblöcken verriegelt und dann zugemauert worden.
Zu Füßen der Pyramide, innerhalb der von einer Mauer umfriedeten „Totenstadt", lag das Felsengrab der Königsmutter, die ihrem Sohn in das Land des Westens vorausgegangen war. In weniger prunkvollen Gräbern ruhten weitere Mitglieder der königlichen Familie, hohe Priester und verdiente Beamte.
Trauer um den verstorbenen Pharao gab es kaum. Gläubigen Ägyptern bedeutete der Tod den Übergang in das ewige Leben, das besser als das irdische war. Außerdem hatte Pharao Cheops, der neue Gottkönig, Brot und Bier an Bauern und Handwerker verteilen lassen.
In Kneipen und im Freien wurde gefeiert. Fröhliche Zecher ließen Cheops hochleben und Snofru dazu.
Am siebten Tag ging der Jubel jäh zu Ende. Im allgemeinen Trubel hatten gottlose Verbrecher das Grab der Königsmutter aufgebrochen und ausgeplündert. Wie ein Lauffeuer flog die Unheilsbotschaft durch ganz Ägypten.
Pharao Cheops versprach hohe Belohnungen für die

Ergreifung der Täter: ägyptische Untertanen zwei Jahre lang Befreiung von sämtlichen Abgaben, Sklaven die Freiheit.
Er stellte eine einzige Bedingung: „Bringt sie lebend!"

Verschworene

Die bekanntesten Gasthäuser in der Snofrustadt waren das „Haus der Herrschaften" und die „Schenke des Vergessens".
Das Haus der Herrschaften lag im Stadtteil der Vornehmen, nahe dem kleinen Tempel der Nut. Es war aus Steinen gebaut, besaß einen großen Schankraum, ein Zimmer für geheime Beratungen und teure Schlafkammern für durchreisende Vornehme. Nach der Leute Reden gab es dort die kostbarsten Weine und die raffiniertesten Speisen. Die vornehmen Gäste bezahlten mit Gold, edlen Steinen, ausländischen Gewürzen und Schmuck, manchmal auch mit Sklaven.
Die meisten Bewohner der Snofrustadt kannten das Haus der Herrschaften nur von außen.
Die Schenke des Vergessens war eine Hafenkneipe am Nilufer. Sie lag in der Siedlung der armen Leute, die sich auf den Feldern abrackerten, Fische fingen und im Sumpfgebiet den übermannshohen Papyrus ernteten, auf dem gelehrte Schreiber Worte in Zeichen festhielten.
Die Kneipe war aus Nilschlammziegeln gebaut wie die Hütten um sie herum. Schenke des Vergessens hieß sie wegen des besonders starken, süßlich schmeckenden Bieres, das hier ausgeschenkt wurde. Schon zwei Becher, hieß es, ließen irdische Sorgen vergessen.

Das Geheimnis des berauschenden Getränkes lag darin, dass Brot nicht nur mit Dattelsaft, sondern mit dem Saft überreifer Feigen dazu vergoren wurde. Das verrieten die Wirtsleute nicht einmal ihren besten Freunden. Sie verkauften das Vergessensbier so billig, dass es sich die armen Schlucker leisten konnten, und verdienten trotzdem daran. Bezahlt wurde mit Muscheln, Muschelketten, Fischen, Getreide, Früchten und hin und wieder mit einer Ente oder einer Gans.
Eines hatten die Nobelschenke und die Hafenkneipe gemeinsam. „In beiden treffen Halunken zusammen", sagten die Leute, „große beim Tempel, kleine am Nil."
Das Haus der Herrschaften wurde von Frau Scherit geführt, der Witwe eines im Libyerkrieg gefallenen Hauptmanns. Die Luxusherberge war Pharao Snofrus

Geschenk für treue Dienste des verewigten Offiziers. Scherit heuchelte Dank. In Wirklichkeit hasste sie den König, dem der Tod seines Hauptmanns nur ein Schankhaus wert war, das sie, die bisher hochgeachtete Offiziersgattin, zur „Kneipenwirtin" degradierte. Sie biss die Zähne zusammen, wenn sie unsympathische Leute bediente, die mit ihrem Reichtum protzten. Vermögende Lümmel waren darunter und ekelhafte Schmeichler mit gierigen Augen.
Scherit ließ sich ihren Hass nicht anmerken. Nur ihrer Tochter vertraute sie sich an.
Senti war dreizehn Jahre alt, die Mutter Anfang dreißig. Schmeichler hielten sie für Schwestern. Beide waren schlank, hochgewachsen, hatten scharfgeschnittene Gesichter, pechschwarze Haare und dunkle Augen.
Was im Palast des Pharao geschah, erfuhren sie von einem Offizier der königlichen Garde. Er hieß Ranef, war zweiundzwanzig und himmelte Mutter und Tochter an. Sie waren freundlich zu ihm, mehr nicht. Der Mutter war er zu jung, der Tochter zu alt.
Senti hatte ein Auge auf Sedech geworfen, den Jungen aus der Hafenkneipe. Das verriet sie zunächst niemandem, nicht einmal der Mutter. Auch Sedech wusste es nicht.
Senti war ihm am Nil begegnet. Sie hatte eine Dienerin zum Fischkauf begleitet. Auf Sentis Frage hatte die Dienerin erzählt, dass der Junge Sedech heiße und der Stiefsohn des Schankwirts der Hafenkneipe sei.
Sedech trug den wollenen Lendenschurz der einfachen Leute, Senti das Leinen der Vornehmen. Trotzdem starrte sie ihn an. Sie fand, dass er einen aufregend verträumten Blick hatte. Leider bewunderte er nicht sie, sondern einen fetten Nilbarsch. Sie hatte ihn nicht

wiedergesehen, doch schon dreimal von ihm geträumt …

Die Schenke des Vergessens gehörte dem ehemaligen Krieger Dag, der im Kampf gegen die Libyer das rechte Auge und den linken Arm verloren hatte. Die Kneipe im Hafenviertel war ihm nicht vom dankbaren Pharao geschenkt, sondern von einer Tante vererbt worden. Das galt als Glücksfall. Der Pharao unterstützte nur ehemalige Offiziere oder deren Hinterbliebene. Einfache Krieger mussten selbst sehen, wie sie weiterkamen.

Obwohl dem Schankwirt Auge und Arm fehlten, fand er eine Frau, die ihr Leben mit ihm verbringen wollte. Sie hieß Baket, war vierunddreißig Jahre alt und brachte den sechzehnjährigen Sedech mit in die Ehe. Der Vater ihres Sohnes war Steinmetz gewesen und beim Bau der Snofrupyramide tödlich verunglückt. Der königliche Baumeister hatte Baket durch einen Boten vom Tod ihres Mannes verständigen lassen, das war alles. Unterstützung gab es nicht.

Dass Dag und Baket der „königlichen Sippschaft" nicht wohlgesinnt waren, sagten sie guten Freunden immer wieder. Die Freunde verstanden sie und verrieten sie nicht.

Der Junge Sedech ging dem Stiefvater und der Mutter tüchtig zur Hand. Er war groß, kräftig, hatte schwielige Hände – und ein sanftes Gesicht, das nicht recht zu ihm passte. Wenn er allein war, schloss er manchmal die Augen. Dann sah er Traumbilder, obwohl er nicht schlief. In der Kneipe half er beim Auftragen der Speisen und Getränke. Wenn nötig, unterstützte er den Hausknecht beim Hinauswerfen randalierender Zecher.

Er hätte Steinmetz wie sein Vater werden sollen. Obwohl ihm das nicht gefiel, hatte er sich gefügt. Er war zum Vater in die Lehre gegangen. Die Mutter bestand darauf, dass er auch lesen und schreiben lernte. Dreimal in der Woche war er mit anderen Jungen zusammen von einem Schreiber unterrichtet worden. Das hatte nicht nur ihm Freude gemacht, sondern auch dem Lehrer, dem der Eifer des Schülers gefiel.
Sedech träumte davon, ein Künstler zu werden; einer jener hochgeachteten Männer, die heilige Zeichen auf Papyri schrieben und kunstvolle Bilder in Tempeln, Palästen und Grabkammern der Vornehmen malten.
Der Vater hielt nichts von so hochfliegenden Plänen. Dass Sedech weiterhin davon träumte, konnte ihm jedoch niemand verbieten.
Zehn Tage, bevor die letzten Quadersteine auf die Snofrupyramide getürmt wurden, verunglückte der Vater im Dienste des Pharao.
Not bedrohte Mutter und Sohn. Gnädige Götter halfen. Der Schankwirt Dag nahm die Witwe Baket zur Frau und Sedech als Sohn an. Er war gut zu ihnen.
Sedech dankte es ihm. Er wurde der Freund seines Stiefvaters. Dieser vertraute ihm manches an, was er vor anderen geheim hielt.
So zum Beispiel, dass zu bestimmten Zeiten sechs geheimnisvolle Männer in die Schenke des Vergessens kamen. Nach Einbruch der Dunkelheit schlichen sie durch eine getarnte Hintertür herein, vor Morgengrauen wieder hinaus. Die kleine Kammer, in der sie mit dem Wirt zusammentrafen, lag unmittelbar hinter dem Zugang. Bei Gefahr entwischten die Männer im Nu.
„Wenn dir dein und mein Leben lieb sind, darfst du zu

niemandem von dem reden, was ich dir erzähle", warnte der Stiefvater.
„Ich werde schweigen", versprach der Junge und erfuhr das Geheimnis, das die sechs mit dem Schankwirt verband: Die sieben Männer hatten als Krieger des Pharaos Snofru in der gleichen Truppe gegen die Libyer gekämpft. Jeder von ihnen war so schwer verwundet worden, dass er zum Kriegsmann nicht mehr taugte. Da sie keine Offiziere waren, wurden sie mehr schlecht als recht zusammengeflickt und entlassen. Niemand hatte ihnen gedankt. Das hätte ihr Hauptmann tun müssen, doch der war gefallen. Seine Witwe erhielt auf königlichen Befehl das „Haus der Herrschaften" geschenkt. Die Witwen der „Gemeinen", wie die einfachen Krieger genannt wurden, erhielten nichts.
„Genauso nichts wie meine Mutter", sagte Sedech. „Ein Priester versicherte ihr, dass mein im Dienste des Gottkönigs verunglückter Vater im Jenseits besser lebe als auf Erden. Das war alles."
„So wie uns geht es Tausenden", fuhr Dag fort. „Die meisten nehmen ihr Schicksal ergeben hin und hoffen auf das bessere Leben nach dem Tod. Viele beneiden die Gefallenen, denen das irdische Bettlerdasein erspart blieb." Er lachte bitter. „So, Sedech, handelte Pharao Snofru, den die Reichen als guten König preisen, an armen Leuten. Cheops, der neue Pharao, wird es kaum besser machen."
„Kaum", gab Sedech zu, „doch können wir nichts dagegen tun."
„Doch", sagte Dag. „Wir tun es bereits. Was uns zusteht, holen wir von jenen, die auf unsere Kosten im Überfluss leben."
Sedech erfuhr, dass die sechs geheimnisvollen Männer

seit Monaten Schmuck, wohlriechende Öle, Schönheitssalben, ausländische Gewürze und anderes Wertvolle aus den Palästen der Reichen stahlen. Die Beute brachten sie heimlich in die Schenke des Vergessens. Ebenso heimlich schaffte sie Dag zu Frau Scherit in das Haus der Herrschaften. Scherit verhökerte sie verstohlen an betuchte Gäste. Die Gewürze verwendete sie in der eigenen Küche.

„So rächt sie sich am Pharao und dessen fetten Bevorzugten, denen das Leben eines Hauptmanns nicht mehr wert ist als ein Schankhaus für Vornehme, die sich oft genug unverschämt benehmen“, erklärte Dag. „So hat sie es mir gesagt.“

„Die sechs sind also Diebe“, meinte Sedech. „Sind sie durch ihre Kriegsverletzungen nicht schwer behindert?“

Um zu holen, was uns zusteht, taugen sie noch“, antwortete Dag, „genauso wie ich dazu tauge, die Beute an Scherit zu verschachern.“

„Und die Spitzel des Pharaos?“, wandte Sedech ein.

Dag lachte. „Die meisten Bestohlenen sind so reich, dass sie den Verlust gar nicht oder viel zu spät entdecken. Nur wenige melden dem königlichen Gericht, dass sie bestohlen wurden. Manche schweigen, weil sie ihre Reichtümer auch nicht ehrlich erworben haben. Uns sind die königlichen Schnüffler noch nie gefährlich geworden. Scherit lässt mich rechtzeitig vor Kontrollen warnen, und ich warne dann die Freunde. Außerdem schenke ich Spitzeln kostenlos den Trank des Vergessens ein, dafür drücken sie sämtliche Augen zu. Und schließlich sind wir *sieben* Rächer. Sieben ist die heilige Zahl des schrecklichen Gottes Seth. Er hat uns bisher beschützt und wird uns weiterhin beistehen.“ …

Dieses Gespräch hatte fünfzehn Tage vor Pharao Snofrus Überführung in die Pyramide stattgefunden. Siebzig Tage lang war der Leib des Verewigten für die Unsterblichkeit vorbereitet worden …

In den folgenden Nächten schlief Sedech unruhig. Zwei Traumstimmen redeten auf ihn ein. „Diebstahl ist Unrecht", behaupteten Priester. „Wir holen nur, was uns zusteht", sprach Dag dagegen.

Am Morgen fühlte sich Sedech jedes Mal wie zerschlagen. Je länger er nachgrübelte, desto unsicherer wurde er.

Lehrten die Priester nicht auch, dass nur jene Verstorbenen in das ewige Leben eingingen, deren Körper unversehrt bestattet wurden?

Vater war von einem Pyramidenquader erschlagen worden. Wer im Dienste des Pharaos sein Leben opfere, werde auch mit verstümmeltem Leib selig, lehrten die Priester ebenfalls. Lediglich Verbrecher, die zu den Krokodilen geworfen oder auf andere Weise hingerichtet wurden, seien in Ewigkeit verdammt. Keine Gnade im Jenseits gebe es auch für Diebe und jene, die Diebesbeute verschacherten. Besonders schwer bestraft würden Diebstähle an Herrschaften, ganz besonders an der königlichen Familie und Priestern.

Sedech stellte sich reiche Leute vor, die im Überfluss lebten. Er kannte einige vom Sehen. Sie ließen sich in Sänften tragen und Diener schlugen ihnen mit Peitschen den Weg frei. Manche hätten ihre Reichtümer auch nicht ehrlich erworben, hatte der Stiefvater behauptet.

Und Mutter hatte einmal geseufzt: „So ein Halsband wie die Gemahlin des Wesirs möchte ich haben. Nicht um es zu tragen, ich würde Stein für Stein gegen das

eintauschen, was wir wirklich brauchen. Es würde uns fürs ganze Leben reichen." ...
Vier Tage, bevor die Mumie des Pharaos Snofru in die Pyramide getragen wurde, sagte Sedech zu Dag: „Ich habe nachgedacht. Wenn ihr mich brauchen könnt, helfe ich euch."
Am Abend schlichen die sechs Diebe wieder in die Schenke des Vergessens. Sie waren aufgeregt.
Dag nahm Sedech mit in die geheime Kammer, stellte ihn den Männern vor und erklärte: „Er ist vertrauenswürdig und möchte mitmachen."
Zwei Fackeln rußten und verbreiteten stechenden Geruch. Die sechs musterten Sedech mit strengen Blicken. Er fühlte sich unsicher.
„Liebst du den göttlichen Pharao, wie das Gesetz es befiehlt?", fragte der Anführer.
„Lieben?", antwortete Sedech. „Wir haben einen neuen König, der mir weder Gutes noch Böses getan hat. Ich hab' nichts gegen ihn, aber warum sollte ich ihn lieb haben? Dem Pharao Snofru wünsch ich nichts Gutes." Und er erzählte, wie sein Vater gestorben war.
„Geh hinaus", befahl der Anführer der sechs.
„Geh, Sedech", sagte Dag freundlich. „Wenn es soweit ist, werde ich dich rufen."
Sedech ging in die Schankstube. Dort drängten sich die Zecher. Die meisten redeten über die kommende Beisetzungsfeier für den verewigten Snofru. Cheops, der neue Pharao, wollte Bier und Brot an alle verteilen lassen, hieß es. Die meisten lobten ihn dafür.
„Er und seine Sippschaft saufen Besseres!", grölte ein Betrunkener.
Andere stimmten ihm zu, und schon war die schönste Rauferei im Gange – doch nur für kurze Zeit. Der Haus-

knecht, Sedech und einige Besonnene drängten und warfen die Krachmacher hinaus. Den letzten beflügelte Sedech mit einem Fußtritt. Der Mann überschlug sich, rappelte sich auf und hinkte davon. Sedech sah, dass das linke Bein des Krakeelers kürzer als das rechte war.
Nach wenigen Schritten wandte sich der Mann um, schüttelte die Fäuste und schwor Rache.
Sedech hörte es gelassen. Mit Rache hatte schon mancher Hinausgeworfene gedroht. Immer waren es leere Worte gewesen ...
In der Kammer steckten die Verschworenen die Köpfe zusammen. Sie sprachen leise.
„Warum hast du Sedech hinausgeschickt?“, fragte Dag den Anführer. „Er ist mein Stiefsohn, ich bürge für ihn. Als Bote und Aufpasser wird er uns nützen.“
Die anderen zuckten die Achseln, und der Anführer erklärte: „Diesmal geht es um einen Auftrag, nach dessen Gelingen wir nie mehr stehlen müssen. Er ist gefährlich und nichts für deinen Jungen.“
„Wir werden mit Gold belohnt“, sagte ein anderer.
„Mit Gold?“, wiederholte Dag. „Was könnte so kostbar sein, dass es mit Gold bezahlt wird?“
„Schmuckstücke, die Snofrus Mutter ins Grab mitgegeben wurden“, antwortete der dritte.
„Grabraub?“, flüsterte Dag erschrocken. „Ohne mich; und es ist gut, dass Sedech es nicht hört. Grabraub verzeihen die Götter nie. Nur Verworfene, die an nichts mehr glauben, begehen ein solches Verbrechen.“
„Hältst du Hetepheres, die Mutter des neuen Pharaos, für verworfen?“, spottete der Anführer.
„Was hat sie damit zu tun?“, brummte Dag.
„Sie wird uns bezahlen“, erklärte der Anführer.
„Mit Gold“, murmelten die anderen.

Dag schüttelte den Kopf. Es ging ihm nicht ein, dass Hetepheres einen Grabraub bezahlen wollte. „Das könnt ihr mir nicht einreden", sagte er.
„Richtig betrachtet, werden wir eine gute Tat vollbringen", fuhr der Anführer fort. „Wir sollen einer edlen Dame, die jahrzehntelang ungerecht behandelt wurde, zu gerechter Rache verhelfen. Hetepheres will, dass Snofrus Mutter ohne Geschmeide im Jenseits lebt. Sie soll dort ärmer sein als andere Königsmütter und sich vor ihnen schämen müssen."
„Warum nur?", fragte der Wirt.
„Zu Lebzeiten war die Verewigte eifersüchtig auf ihre Schwiegertochter Hetepheres und machte ihr das Leben schwer, wann immer sie konnte", erzählte einer der sechs. „Und Pharao Snofru hörte mehr auf die Mutter als auf seine Gemahlin."
„Hetepheres will den geraubten Schmuck weder tragen noch verschenken", sagte ein anderer. „Sie wird ihn im Feuer zerstören, damit ihn kein Zauber ins Grab zurückbringen kann."
„Aus Rache also", murmelte Dag.
„Um der Gerechtigkeit willen", verbesserte der Anführer. „Auch wir haben das Recht, Snofrus Mutter zu bestrafen. Sie trieb den Sohn zum Krieg gegen die Libyer. Hetepheres sprach dagegen, doch der Pharao gab dem Drängen seiner Mutter nach. Wir wären keine Krüppel, wenn dieses Weib geschwiegen hätte." Er hob den Finger. „Außerdem ist die Belohnung nicht zu verachten."
Dag stützte den Kopf in die Hände.
„Nun?", drängten die sechs.
„Wer hat euch den Auftrag übermittelt?", erkundigte sich Dag.
„Scherit, die Wirtin der Nobelschenke", antwortete

der Anführer. „Sie wurde vom Gardeoffizier Ranef verständigt. Er ist ein Vertrauter der Königsmutter Hetepheres."
„Das weiß ich", sagte Dag.
„Du machst also mit", stellte der Anführer fest.
Dag schüttelt den Kopf. „Grabraub ist ein Verbrechen, das den Zorn der Götter herausfordert. Wozu braucht ihr mich überhaupt? Die Beute kann auch einer von euch in das Haus der Herrschaften bringen, ohne dass ich sie in meiner Schenke lagere. Ich bitte euch jedoch, diesen Raub nicht zu begehen."
„Wirst du uns verraten?", lauerte einer der Männer.
„Nein", versprach Dag, „doch bitte ich euch noch einmal, es nicht zu tun. Wenn ihr gefasst werdet, hilft euch auch Seth nicht mehr. Der Tod wäre euch sicher, und als gerichtete Verbrecher wärt ihr auf ewig verdammt."
„Du bist ein Narr", spottete der Anführer. „Was wäre, wenn sie uns auf einem anderen Diebstahl ertappten? Der Richter ließe uns die Nasenspitze oder ein Ohr abnehmen. Auch das könnte Schwierigkeiten im Jenseits bringen." Er hielt dem Wirt die Hand hin. „Sei klug, schlag ein und mach mit! Dann wirst auch du für dein Leben lang ausgesorgt haben. Um dein Gewissen zu beruhigen, darfst du den Göttern dann von deinem Reichtum opfern. Die Priester lehren, dass sich schuldig Gewordene durch Spenden an Heiligtümer vor Strafen im Jenseits bewahren können."
Dag schlug nicht ein. „Eine Grabschändung wird durch die reichste Spende nicht aufgewogen", sagte er ruhig. „Außerdem habe ich eine Frau und einen Sohn, für die ich Verantwortung trage."
„Einen Stiefsohn", wandte einer der sechs ein.

Dag nickte. „Ja, einen Stiefsohn. Er ist mein Freund geworden. Das bedeutet mir genauso viel, als wenn er mein leiblicher Sohn wäre." „Ja", meinte der Anführer. „Dann bist du für uns wohl verloren."
„Und er weiß zu viel", warnte ein anderer. „Ich wiederhole, was ich versprochen habe", sagte Dag. „Ich werde euch nicht verraten. Wenn ihr in Gefahr seid, steht euch mein Haus offen. Ich bleibe euer Freund, auch wenn ich nicht billige, was ihr tun wollt."
Vom Schankraum her näherten sich Schritte.
„Es wird Sedech sein", meinte Dag. „Vermutlich dauert ihm unser Gespräch zu lange." Er ging zur Tür und öffnete sie. Draußen stand Sedech.
„Unsere Freunde wollen gehen", erklärte ihm der Stiefvater. „Diesmal können wir nichts für sie tun."
„Nichts", bestätigten die sechs. Ohne Gruß verschwanden sie durch die geheime Tür.
„Ich bin stolz auf dich, Vater", sagte Sedech. „Ich stand eine ganze Weile vor der Kammer. Die Tür und die Wand haben Risse, die du dicht machen solltest. In der Schenke dauerte es mir zu lange. Da wollte ich nachsehen, hörte euch reden und erschrak, als das Wort Grabraub fiel. Ich lauschte eine Weile. Dann schlich ich weg und trat beim Zurückkommen so fest auf, dass ihr mich hören musstet."
„Ich wollte, du hättest nichts gehört", seufzte Dag. „Ich werde genauso schweigen wie du", versprach der Junge.
„Daran zweifle ich nicht", sagte Dag. „Doch was dann, wenn die sechs Männer gefangen werden oder auch nur einer von ihnen? Unter der Folter sind schon die Stärksten schwach geworden."
Sedech schüttelte den Kopf. „Sie können uns nicht verraten, weil wir mit dem Grabraub nichts zu tun haben."

„Sie könnten gestehen, dass ich ihre Beute aus früheren Diebstählen verschachert habe", gab Dag zu bedenken. „Dann werden die Häscher auch deine Mutter und dich gefangen nehmen, verhören und bestrafen. Die Frau und der Sohn büßen mit dem Gatten und Vater. So halten es die Richter seit langem. Wir müssen Augen und Ohren offen halten, wenn es so weit ist."
Sedech begriff, dass Dag den Grabraub meinte. „Ja, Vater", sagte er. Dag legte ihm die Hand auf die Schulter. „Ich danke dir, dass du mich Vater nennst. Morgen werde ich in den Tempel der Nut gehen und den Priestern ein Opfer überreichen."
Arm in Arm gingen sie in die Schankstube zurück …
Dies geschah am vierten Abend vor dem Einzug des verewigten Snofru in seine Pyramide.

Nachdem der letzte Quaderstein das Grabmal verschlossen hatte, ließ der neue Gottkönig Cheops Bier und Brot an Bauern und Handwerker verteilen.
Der Jubel dauerte tage- und nächtelang – und ging jäh zu Ende. Am siebten Morgen entdeckte ein Priester das Verbrechen am Grab der Mutter des Snofru.
Und Pharao Cheops befahl. „Bringt sie lebend!"

Bis zu den Sternen

Zehn Jahre lang hatten Tausende Arbeiter unter der Aufsicht königlicher Baumeister und Schreiber an der Snofrupyramide gebaut. Vier Monate in jedem Jahr während der Zeit, da der Nilstrom das Land überflutete und mit Schlamm bedeckte. Die meisten Arbeiter waren keine Sklaven, sondern Bauern und Handwerker ge-

wesen, die sich freiwillig „zur Pyramide" gemeldet hatten. Die ewige Wohnung für den Pharao zu errichten war ihnen Ehre und heilige Pflicht. Allen, die dabei ihr Leben ließen, versprachen die Priester ewigen Lohn.
Unter sengender Sonne hatten die Männer zwei bis zweieinhalb Tonnen schwere Quader aus Felswänden gebrochen, zurechtgeschlagen und auf Schlitten über den Wüstensand zum Bauplatz geschleppt.
Je höher die Pyramide wuchs, desto längere Anfuhrrampen mussten aufgeschüttet werden, um die Steinblöcke an Ort und Stelle zu bringen. Abstürzende Quader, Hitzschläge und Erschöpfung hatten Opfer gefordert.
Sobald sich der Nil in sein Strombett zurückgezogen und die Felder freigegeben hatte, waren die Bauern in ihre Dörfer heimgekehrt. Dann hatten nur die Sklaven und einige Handwerker an der Pyramide weitergearbeitet. Erst kurz vor Snofrus Tod stand sie vollendet. Sohn Cheops, der neue Pharao, baute vor.
Am selben Tag, an dem er die Verfolgung der Grabräuber befahl, ließ er seinen Neffen Hemiu rufen. Der Prinz war königlicher Baumeister und an der Snofrupyramide beteiligt gewesen.
Er verneigte sich vor dem Oheim und fragte nach dessen Befehl. „Ich ernenne dich zum obersten Baumeister", sagte Cheops.
Hemiu verneigte sich tiefer und murmelte seinen Dank.
Der Pharao fuhr fort: „Baue mir das größte und sicherste Grabmahl, das Menschenhände je errichtet haben."
„Die Felshöhe, auf der die Pyramide deines göttlichen Vaters steht, ist für einen weiteren Totenpalast zu klein", gab Hemiu zu bedenken.

Cheops winkte ab. „Ich werde meine Residenz eine Tagereise weit nach Norden verlegen.“
„Denkst du an die Fischersiedlung Gizeh?“, erkundigte sich der Prinz.
Cheops nickte. „Ja, Hemiu. Nahe dem Ort soll meine Stadt entstehen. Baue mir einen Palast, einen kleineren Tempel für den Ortsgott Ptah, einige Paläste für Vornehme, Häuser für Beamte, Werkstätten für Handwerker und was noch dazugehört. Nimm libysche Sklaven, die arbeiten besser als nubische.“ Er hob die Stimme: „Auf der Felshöhe darüber lass deine Baumeister, Handwerker, Sklaven und Bauern meine Pyramide errichten, dazu den Taltempel am Nil, den Aufweg und den Totentempel vor dem Grabmal. Beginne sofort. Nimm keine zehntausend Arbeiter wie mein Vater, nimm zwanzigtausend und mehr. Ich will, dass die Pyramide nicht erst kurz vor meinem Ableben fertig wird.“
„Es ist mir eine Ehre“, versicherte Hemiu.
„Zeig dich ihrer würdig“, sagte Cheops. „Und beeil dich. Es drängt mich, die Residenz meines Vaters zu verlassen.“
Vier Tage später ging Prinz Hemiu mit Fachleuten und Schreibern an Bord einer königlichen Nilbarke. Die Herren fuhren nach Gizeh, um Vermessungen durchzuführen und Pläne für die Residenz und die Pyramide des Cheops zu entwerfen.
Zur selben Zeit schwärmten königliche Schreiber in alle Dörfer aus, um Handwerker und Bauern für den Bau der Cheopspyramide zu verpflichten. Jeder wurde von Kriegern begleitet.
Pharao Cheops war vorsichtig. Er erwartete nicht nur Begeisterung im Volk, sondern auch Unmut und Widerstand. Gewiss galt es als Ehre, am Grabmal des Gott-

königs mitbauen zu dürfen, doch war die Snofrupyramide erst vor kurzer Zeit fertiggestellt worden. Die Arbeiter hatten die Strapazen, denen sie ausgesetzt waren, und die vielen Unfälle noch in schlimmer Erinnerung.
Für Cheops war die Zeit günstig. Der Nil hatte das Uferland überschwemmt und bedeckte es mit fruchtbarem Schlamm. Die Bauern hatten geerntet und gedroschen und standen bis zur Saatzeit frei.
Trotzdem freuten sich die wenigsten, denen ein königlicher Schreiber verkündete: „Im Namen des göttlichen Pharaos bist du auserwählt, an der ewigen Wohnstätte des Erhabenen mitbauen zu dürfen. Finde dich von heute ab am siebten Tag …"
Dann folgten die Bekanntgabe des Platzes und die Androhung von Strafe, falls sich der Geehrte seiner heiligen Pflicht zu entziehen versuche. Von Krokodilen war die Rede …
Ganz Ägypten sprach vom größten Grabmal aller Zeiten. Die tollsten Gerüchte schwirrten durcheinander. Selbst unsinnige wurden geglaubt; so die Behauptung, dass die Spitze der Cheopspyramide bis zu den Sternen reichen werde.
Von denen, die sich die Hände daran zerschrammen sollten, freuten sich nur wenige. „Bis zu den Sternen!" Das war unendlich weit und in Schwielen und Schrammen nicht auszudenken.
Die Priester erinnerten an den ewigen Lohn für jene, die im Dienste des Gottkönigs ihr Leben ließen. Doch lehrten sie nicht auch, dass nur Seelen aus unversehrten Körpern zu den Göttern gelangten? Was galt nun, und was galt nicht? Viele wurden unsicher.
Trotzdem begann die Arbeit zügig. Mit Krokodilen war nicht zu spaßen …

Über die Verbrecher, die das Grab der Königsmutter entweiht hatten, wurde immer seltener gesprochen. Die Suche ging weiter und brachte keinen Erfolg. Immer neue Häscher schwärmten aus.
Die Räuber blieben unentdeckt, die geraubten Schätze verschwunden.
Eines Tages erwähnte ein Bruder des Pharaos einen Magier, der über Kräfte verfüge, von denen andere Zauberer nur träumen könnten.
„Erzähl mir von ihm", befahl Cheops.
Der Prinz berichtete, was er gehört hatte. Der Magier heiße Dedi, sei hundertzehn Jahre alt und wohne nicht weit von der Snofrustadt entfernt in der Nähe des rechten Nilufers. Mit seinem Blick zähme er wilde Tiere; und wenn er die Augen schließe, sehe er Verborgenes. Auch könne er – und das mache ihm kein Zauberer nach – abgeschlagene Köpfe wieder anheilen.
„Glaubst du, dass er die Grabräuber aufspüren wird?", fragte Cheops. „Ich denke schon", antwortete der Prinz. „Bring ihn mir", befahl der Pharao.

Der Meister aller Magier

Auf einer königlichen Barke segelte der Bruder des Cheops eine kurze Strecke südwärts. Dann trugen ihn acht Sklaven in einer Sänfte zu dem Magier. Vier weitere Sklaven folgten mit einem Tragsessel für Dedi. Zwanzig Krieger schützten das Leben des königlichen Gesandten.
Der alte Zauberer lag vor seinem Haus auf einer Matte. Ein Diener massierte ihm die Schläfen, ein anderer die Beine. Der dritte fächelte ihm mit einem Palmwedel Kühlung zu.

Dedi sah einer Mumie ähnlicher als einem Lebendigen. Sein Körper bestand aus Haut und Knochen, sein Gesicht aus Runzeln und Falten. Dabei hieß es von ihm, dass er Unmengen an Speisen vertilge. Nur die Augen waren lebendig. Scharf und listig blickten sie in die Welt.

Als die Besucher näher kamen, erhob sich der Alte, ohne dass ihm seine Diener halfen. Er hieß den Prinzen willkommen und erkundigte sich nach seinen Wünschen. Seine Stimme zitterte nicht, seine Bewegungen waren gelenkig. Der Prinz staunte. „Leider besitze ich nicht so viele Vorräte, dass ich dich und deine Begleiter bewirten könnte, wie es euch gebührt", entschuldigte sich der Magier. „Ich bin ein armer Mann."

Der Prinz sah, dass die Diener einander zuzwinkerten.

„Einen Schluck Bier, edler Herr, habe ich selbstverständlich für dich", fuhr der Alte fort.

Der Prinz winkte ab. „Nein, danke; die Zeit drängt. Mein Bruder, der göttliche Pharao, ist ungeduldig."

Was ist dein Auftrag?", fragte Dedi.

Der Prinz bat ihn, in den königlichen Palast zu kommen, um dem Pharao beizustehen. „Du wirst mit allen Ehren empfangen werden und reichen Lohn erhalten", versprach er feierlich.

Dedi packte Papyri und Zaubergeräte in zwei Bündel, dann trugen ihn die Sklaven des Pharaos zum Nil. Zwei seiner Diener gingen zu Fuß hinterher.

Der Prinz half dem Alten auf das Schiff; die Krieger, Diener und Sklaven folgten.

Denn legten sich die Ruderer in die Riemen. Gegen den Nordwind glitt die Barke stromabwärts.

Im Königspalast wies der Prinz dem Magier einen bequem ausgestatteten Wohnraum an. Das größte

Möbelstück darin war ein Ruhebett mit einer verzierten Kopfstütze.
Dedi schmunzelte. „Die Stütze brauche ich nicht", sagte er bedauernd. „Sie nimmt den Hinterkopf auf und sorgt dafür, dass die Frisur über Nacht nicht durcheinander gerät." Er tippte an seinen kahlen Schädel. „Dieser Gefahr bin ich leider nicht ausgesetzt."
„Deine Diener schlafen auf Matten vor deinem Gemach", sagte der Prinz. „Dir, großer Meister, werde ich ein Bad richten lassen."
Dedi wehrte ab. „Wozu? Ich habe erst vor zehn Tagen gebadet. Kein Mensch sollte seinen Körper mit allzu viel Wasser schwächen. Jedes Bad macht die Haut dünner. Unsere Götter baden nie. Oder hast du irgendwo gelesen, dass die himmlische Nut je gebadet hätte?"
Die Diener grinsten.
„Ein neues Gewand, in dem du vor dem göttlichen Pharao erscheinst, wirst du wohl annehmen", sagte der Prinz.
Der Alte nickte. „Selbstverständlich. Auch eine kleine Mahlzeit würde ich nicht zurückweisen. Drei am Spieß gebratene Wachteln, eine halbe Wassermelone, etwas Honiggebäck und ein Krug Bier genügen fürs erste. Meine Diener geben sich mit zwei Fladenbroten und Wasser zufrieden. Sie haben Speck angesetzt, da tut ihnen Enthaltsamkeit gut."
Jetzt grinsten die Diener nicht mehr.
„Es geschehe, wie du es wünschst", sagte der Prinz. „Der Pharao erwartet dich nach Ablauf eines Wassermaßes."
Der Magier nickte, und der Bruder des Königs entfernte sich.
Pharao Cheops, seine Mutter Hetepheres und seine

Gemahlin Meritites erwarteten den Meister aller Magier in der Säulenhalle des Palastes.

Der Gottkönig saß auf einem mit Gold und edlen Steinen verzierten Thron. Als Zeichen göttlicher und königlicher Macht trug er die Doppelkrone mit dem Kopf der heiligen Uräusschlange, in den Händen hielt er Geißel und Zepter. Er war in kostbares Leinen gekleidet, und der mit Türkisen und bunten Perlen bestickte Halskragen war mehr als fünfhundert Sklaven wert.

Die Krone, der steife Kragen, Zepter und Geißel zwangen Cheops zum Starrsitzen. Die göttlich-königliche Würde ließ den etwa Dreißigjährigen älter aussehen als er war.

Auf niedrigeren, weniger kostbaren Thronsesseln saßen Hetepheres und Meritites. Die Mutter des Pharaos war immer noch schön. Kein Fältchen beleidigte ihr Gesicht. Spötter behaupteten verstohlen, dass sie eine Sklavin habe, die mit Wässerchen, Puder und Schminke Wunder vollbringe.

Hin und wieder murmelte Snofrus Witwe leise Worte vor sich hin. Cheops glaubte, dass sie für die Ergreifung der Grabräuber bete. Er irrte sich.

Hetepheres murmelte: „Sie sollen nicht gefangen werden. Meine Schwiegermutter, die alte Hexe, hat mir das Leben lang genug verbittert. Wenn sie ohne Schmuck vor den Göttern erscheint, geschieht es ihr recht." Dazu kniff sie die Daumen ein. Das war ein magisches Zeichen, es verlieh den Wünschen Zauberkraft.

Meritites, die nach Snofrus Tod die „Große königliche Gemahlin" geworden war, freute sich an dem Prunk, der sie umgab. Sie war einundzwanzig Jahre alt und genoss die Verehrung der Würdenträger. Zum ersten Mal trug sie die mit der goldenen Uräusschlange ge-

schmückte Haube der Königin. Sie war glücklich mit Cheops. Immer wieder sah sie ihn verliebt an.
Zu beiden Seiten der Throne hatten sich Hofstaat und Priester versammelt. An den Wänden standen Krieger der königlichen Garde, vor ihnen die Offiziere mit golddurchwirkten Kommandopeitschen. Einer von ihnen war Ranef, der Vertraute der Königsmutter Hetepheres. Der Prinz, der den Magier in die Snofrustadt gebracht hatte, führte ihn auch in den Säulensaal.
Dedi trug einen sauberen Lendenschurz, ein frischgewaschenes Schultertuch und neue Sandalen. Um seinen Rang zu unterstreichen, hatte er die Augen mit roter Farbe umrändert, auf seine Stirn eine blaue Wellenlinie und auf die Wangen zwei braune Längsstriche gemalt. Damit wies er sich als Beherrscher magischer Kräfte über Feuer, Wasser und Erde aus.
Hinter ihm kamen seine Diener. Der eine trug einen weißen, der andere einen schwarzen Stab zum Zeichen, dass Dedi den Tag und die Nacht durchschaute.
„Ich bringe dir den Meister aller Magier, göttlicher Pharao", sagte der Prinz, verneigte sich tief und streckte die Hände vor. Dedis Diener warfen sich vor dem Gottkönig zu Boden.
Dedi verneigte sich, wie sich ein König, der zu Gast kommt, vor dem gastgebenden Herrscher verneigt.
„Wieso sehe ich dich heute zum ersten Mal?", fragte der Pharao.
„Du hast mich nicht eher gerufen, Erhabener", antwortete der Alte. „Nun hast du gerufen, und ich bin gekommen."
„Ich hörte, dass du abgeschlagene Köpfe anheilen kannst", sagte Cheops.
Dedi nickte. „Ich kann es."

Der Pharao befahl, einen zum Tod verurteilten Gefangenen vorzuführen und das Urteil zu vollstrecken.
Dedi wehrte ab: „Keinen Menschen, Erhabener."
„Bringt eine Gans", befahl Cheops.
Zwei Sklaven liefen und kamen zurück. Der eine legte den Kopf der Gans an die Ostseite der Halle, der andere den Körper an die Westwand.
Dedi schloss die Augen, murmelte einen Zauber, streckte den linken Arm nach Osten, den rechten nach Westen aus und führte die Hände langsam gegeneinander.
Und siehe da: Kopf und Körper bewegten sich aufeinander zu. Als sie zusammentrafen, stand die Gans auf und schnatterte.
Da ließ der Pharao einen Löwen bringen. Vier zitternde Sklaven hielten das Tier an Stricken fest.
Dedi blickte es an, und es legte sich ihm zu Füßen.
„Du bist tatsächlich ein Meister", lobte der Pharao.
„Es ist eine Gabe der Götter", antwortete der Alte. „Was soll ich noch tun, Erhabener?"
„Bring mir die Räuber, die das Grab der Mutter meines Vaters geschändet haben!", befahl Cheops.
Der Alte verneigte sich knapp. „Ich will es versuchen, Erhabener, doch brauche ich einiges dazu."
„Du sollst es bekommen", sagte Cheops. „Was ist es?"
„Für Grabräuber ist Seth, der schreckliche Gott der Wüste und des Unheils, zuständig", erklärte Dedi. „Um ihn zu beschwören, brauche ich eine große Kupferschale auf einem Dreifuß, drei Fackeln aus Zedernholz, Weihrauch und Blut."
Die Sklaven, die den Löwen gebracht hatten, erschraken. Der Meister aller Magier hatte Blut gefordert!
Blut von Sklaven? Es war weniger wert als das von Tieren.

„Das Blut eines Tieres?“, erkundigte sich der Pharao.
„Viel wertvolleres“, antwortete Dedi. „Ich benötige das Blut edler Reben, die nicht in Ägypten gedeihen.“
„Du meinst Wein, den wir aus anderen Ländern einführen?“, fragte der Pharao.
Dedi deutete eine Verbeugung an. „So ist es, Erhabener. Zwei Becher voll genügen.“
Die Sklaven atmeten auf.
„Du sollst alles bekommen“, sagte der Pharao. „Wann wirst du den Gott beschwören?“
„Morgen um Mitternacht“, antwortete der Meister aller Magier. „Hier, in dieser Halle.“
„Ich werde dabeisein“, sagte Cheops.
„Es kann gefährlich werden“, warnte der Alte. „Seth ist unberechenbar. Wer ihm bei einer Beschwörung nicht gefällt, den ...“ Er zögerte.
„Den tötet er, wolltest du sagen“, ergänzte Cheops. „Ich komme trotzdem. Alle, die hier versammelt sind, werden bei mir sein.“
„Ja“, bestätigten Meritites, zwei ihrer Hofdamen und ein Priester der Nut. Die anderen schwiegen bedrückt.
Dedi fuhr fort: „Wenn Seth gnädig ist, wird er dir, göttlicher Pharao, morgen um Mitternacht den ersten der Frevler zeigen, die das Grab der Mutter deines göttlichen Vaters entweiht haben. Dies, Erhabener, lass in Stadt und Land bekannt geben.“
„Es geschehe“, sagte Cheops. Dann zuckten selbst die Offiziere der Garde zusammen. Der Meister aller Magier legte dem Löwen die Hände auf – und die Fesseln des Tieres fielen wie zerschnittene Fäden ab! Schreckensbleich warfen sich die Sklaven zu Boden.
„Komm!“, befahl Dedi, und der Löwe folgte ihm wie ein Haushund seinem Herrn.

Der Sturm

Der Gott des Unheils und der Wüste, den Dedi beschwören wollte, schien schlechter Laune zu sein. Ob er sich mit seiner göttlichen Gemahlin Nephthis wieder einmal zerstritten hatte? Ob er sich darüber ärgerte, dass der Nil auch in diesem Jahr das Uferland mit fruchtbarem Schlamm bedeckt hatte, statt es ohne Überschwemmung zur Wüste zu machen? Oder wurmte es ihn, dass ein königlicher Schreiber zu einem Schüler, der in der Nase bohrte, „Pfui Seth!" gesagt hatte?

An jenem Nachmittag, an dem der Meister aller Magier seine Beschwörung vorbereitete, begann der Gott zu toben. Er blies den schlimmsten Sandsturm, den es seit Menschengedenken gab, aus der Wüste über das Fruchtland am Nil. Die Sandwolken verschluckten die Sonne und machten den Tag zur Nacht.

Der Sand entzündete die Augen, reizte Mund und Nase und machte das Atmen zur Qual. Hustende eilten zum Tempel der Nut. Dort husteten auch die Priester.

Der Bruder des Pharaos eilte zu Dedi. Dessen Diener warfen sich vor ihm zu Boden und stammelten, dass sich ihr Meister auf die Beschwörung vorbereite und nicht gestört werden dürfe.

„Macht Platz!", knurrte der Prinz, und die Diener rutschten zur Seite. Sie wären jedoch keine richtigen Diener gewesen, wenn sie am Vorhang nicht gelauscht hätten.

Der Meister aller Magier lag auf einem Ruhebett und genoss die Speisen aus der königlichen Küche: gebratene Ente, gewürztes Brot, Feigen und Bier. Der Löwe lag ihm zu Füßen und zermalmte einen Knochen.

Zwei Öllampen gaben mattes Licht.
„Seth schickt seinen schlimmsten Sandsturm, und du schlägst dir den Magen voll!“, rief der Prinz entrüstet.
Der Löwe knurrte.
„Schweig!“, fuhr ihn der Magier an, und der Löwe duckte sich. „Entschuldige seine schlechten Manieren, Großmächtiger“, bat der Alte. „Ich mag ihn trotzdem.“
„Er gehört dir“, sagte der Prinz ungeduldig. „Was du mit ihm tust, ist mir gleichgültig. Wenn das Unwetter ...“
Eine Sturmbö riss ihm das Wort vom Mund. Prasselnd schlug der Sand gegen die Mauern des Palastes. Der Löwe kroch unter das Bett.
Dedi horchte in den Sturm hinaus.
„Erschreckt dich Seths Wüten denn gar nicht?“, fragte der Prinz.
Der Magier lächelte. „Nein, Erhabener. Warum auch? Während ich mich stärkte, waren meine Gedanken beim Herrn der Wüste. Der Sturm ist seine Antwort auf meine Fragen.“ Er lauschte wieder, hob die Hand und prophezeite: „Bald wird er sich legen.“
„Bald?“, wiederholte der Prinz misstrauisch.
„Jetzt“, sagte Dedi.
Das Heulen des Sturmes ließ nach, das Singen des Sandes verstummte. Es wurde hell. „Tatsächlich“, murmelte der Bruder des Pharaos und verabschiedete sich hastig.
„Bleib doch!“, rief ihm der Alte nach. „Du hast mir nicht gesagt, weshalb du gekommen bist!“
Der Prinz wandte sich nicht um. Er eilte an Dedis Dienern vorbei. Sie warfen sich zu Boden und erhoben sich erst, als sie die Tritte des Erhabenen nicht mehr hörten.
„Glaubst du, dass sich unser Meister mit Seth unterhalten hat?“, fragte ein Diener den anderen.

Der zuckte die Achseln. „Kann sein, kann auch nicht sein. Ich diene Dedi zwanzig Jahre länger als du und kenne ihn immer noch nicht. Vieles, was er weiß, hat er beobachtet. Wann zum Beispiel ein Wüstensturm zu Ende geht, erkennt er am Singen des Sandes. Den Zauber mit der Gans kann ich mir nicht erklären. Jedes Mal, wenn sich Kopf und Körper zusammenfügen, ist es mir, als sähe ich mit fremden Augen."

„So ging es mir heute", gestand der andere. „Und als die Fesseln von dem Löwen fielen und die Bestie ihm gehorchte, da ..."

Ihre Unterhaltung wurde unterbrochen. „He!", rief der Meister. „Bringt den Nachtisch! Beeilt euch! Ich muss mich stärken, um mich sammeln zu können!"

Die Bewunderung verflog. „Fresssack", murmelten die Diener gemeinsam. Dann eilten sie in die Küche.

Auch dort hatte Seth gewütet. Durch Mauerritzen war feiner Sand eingedrungen.

Als Dedis Diener von dem Honigbrot naschten, das sie dem Meister zum Nachtisch bringen sollten, knirschte ihnen die Wüste zwischen den Zähnen.

Pfui Seth! Dedi würde sich aufregen, wenn er auf Wüstensand biss. Und da er seinen Zorn nicht an dem grimmigen Gott auslassen konnte, würde er ihn wohl auf die Rücken seiner Diener schreiben. „O Isis", seufzte der eine, „o Osiris", der andere. Aber nein!

Der Meister aller Magier genoss die Leckerbissen mit Behagen. Dann lobte er seine Diener sogar. „Ich danke euch, dass ihr den Sand des grimmigen Seth von meinem Honigbrot geschleckt habt", sagte er gemütlich. „Er scheint euch geschmeckt zu haben. Ab morgen soll der Koch immer etwas Wüstensand auf euer Brot und in eure Suppe streuen."

„Aber Meister!", protestierten die Ertappten.
Der Löwe stand auf, streckte sich, gähnte und blinzelte sie an.
„Er ist nicht hungrig", erklärte Dedi. „Doch Appetit auf etwas Frisches hat er immer."
Die Diener verdrückten sich hastig.

Die Beschwörung

Wie ein Lauffeuer verbreitete sich die Kunde in der Stadt und weit darüber hinaus: „Morgen um Mitternacht wird Dedi, der Meister aller Magier, den schrecklichen Seth beschwören. Und der Gott wird ihm den ersten der Frevler zeigen, die das Grab der Mutter des göttlichen Snofru ausgeraubt haben!"
Angst vor Seth befiel die Leute. Ob der Schreckliche bei seinem Erscheinen nicht Unheil über Stadt und Land bringen würde? Alte Leute behaupteten, dass er sich nie ungestraft beschwören lasse.
Verängstigte opferten im Tempel der Nut. Die Priester gaben ihnen Amulette, in die das Zeichen der Himmelsgöttin eingeritzt war. „Hängt sie an die Haustür", sagten sie. „Dann wird Seth an euch vorübergehen."
Angst vor dem Entdecktwerden trieb die sechs Grabräuber an. Als reiche Männer verließen sie die Snofrustadt im Dunkel der Nacht. Auf Hetepheres' Befehl hatte ihnen Scherit, die Wirtin der Nobelschenke, zur Flucht geraten. Wenn sie gelang, wartete eine sorgenfreie Zukunft auf die Verschworenen. Das Gold, das ihnen der Grabraub eingebracht hatte, galt auch anderswo als begehrtes Zahlungsmittel. Die sechs Männer dachten an Syrien. Sie ritten auf Eseln, die sie in aller Eile erworben hatten. Esel galten als un-

reine Tiere. Den Flüchtenden bedeuteten sie vierundzwanzig Füße, die sie in die Freiheit trugen.
Die Reiter trieben die Tiere zur Eile an. Auf Seths Beistand vertrauten sie nicht mehr. Die dem Gott heilige Zahl Sieben schützte sie nicht länger. Sie waren keine sieben, sondern nur noch sechs Männer. Die Zahl Sechs, behaupteten manche, sei die Zahl des Gottes Osiris, des Beschützers der Verstorbenen. Der half Grabräubern bestimmt nicht weiter.
Keine Angst war in der Schenke des Vergessens. Der Magier Dedi werde den ersten der Grabräuber entlarven, hatten Ausrufer des Pharaos verkündet. Der Schankwirt Dag war bei dem Grabraub nicht dabei gewesen.
„Also besteht für dich und uns keine Gefahr", sagte Sedech zu seinem Stiefvater. „Es ist gut, dass du nicht mitgemacht hast." Dag nickte. Im Stillen bat er sämtliche Götter, die Frevler entkommen zu lassen. Sie waren ja seine Freunde.
Keine Bedenken hatten auch Frau Scherit im Haus der Herrschaften, der Gardeoffizier Ranef und Hetepheres, die Mutter des Cheops. Auch sie hatten das Grab nicht aufgebrochen und beraubt. Scherit hatte den gestohlenen Schmuck nur entgegengenommen und an Ranef weitergegeben. Dieser hatte ihn Hetepheres ausgehändigt. Die Königsmutter hatte das Geschmeide in einem Schmelzofen zusammenschmoren und den Klumpen in den Nil werfen lassen.
Für die erhabene Hetepheres bestand nicht die geringste Gefahr. Niemand würde es wagen, die Mutter des göttlichen Cheops einer schlimmen Tat zu beschuldigen. Ranef und Scherit galten den Mächtigen und Vornehmen als vertrauenswürdig, die Grabräuber waren

auf der Flucht. Der Mann, der den Schmuck eingeschmolzen und in den Nil geworfen hatte, war spurlos verschwunden. Niemand sah ihn je wieder.

Die Nacht, in der Dedi den gefährlichen Gott beschwören wollte, war schwül. Feuchter Dunst stieg aus dem Nil auf. Am wolkenlosen Himmel blitzten die Sterne wie geschliffene Edelsteine. Aus dem Westen, wo die Steppe in die Wüste überging, drang leises Knirschen herüber, als ob sich Sandkörner aneinander rieben. Niemand wusste, was dieses Geräusch bedeutete.

Die Schwüle, das helle Sternenlicht und das geheimnisvolle Knirschen bedrückten. „Unheil liegt in der Luft", flüsterten Ängstliche.

„Seth warnt uns", behaupteten andere. „Er lässt sich nicht ungestraft beschwören."

An den meisten Haustüren der Snofrustadt hingen die Amulette aus dem Tempel der Nut. Besonders Vorsichtige hatten mehrere erworben, eines für die Haustür, die anderen zum Umhängen.

In dieser Nacht schliefen nur die kleinen Kinder und die Uralten, die die Aufregung der anderen noch nicht oder nicht mehr begriffen.

Je weiter es auf Mitternacht zuging, desto größer wurde die Spannung. Prickelnde Neugierde überwog die Angst. Immer mehr Leute schlichen in die Nähe des Königspalastes, in dem der Meister aller Magier den ersten Grabräuber entlarven wollte.

Die Schwüle nahm zu, das Knirschen wurde lauter.

„Es kommt nicht einfach aus dem Westen, sondern aus dem *Land des Westens*", flüsterte jemand. Die es gehört hatten, gaben es weiter.

Das Land des Westens war das Reich der Toten, das Knirschen also eine Warnung aus dem Jenseits!
Ganz Ängstliche verdrückten sich wieder, neue Neugierige kamen hinzu. Aus dem Königspalast hallten dumpfe Gongschläge ins Freie. Sie kündeten die Mitternacht an – und den Beginn der Beschwörung. Jedes Murmeln erstarb. Die Menge lauschte …
Auch in der Säulenhalle des Palastes knisterte die Spannung. Alle, die der Pharao zur Teilnahme befohlen hatte, waren erschienen: die Große königliche Gemahlin Meritites, die Königsmutter Hetepheres, die Damen und Herren des Hofstaates, der Wesir, die Priester und die Krieger der Garde mit ihren Offizieren.
Wieder zeigte sich Cheops als Gottkönig. Er saß auf seinem mit Gold und edlen Steinen verzierten Thron und trug die Zeichen irdischer und göttlicher Macht. Er saß reglos und gab sich gleichmütig. Nur scharfe Beobachter bemerkten das Zucken der königlichen Augenlider.
Dedi, der Meister aller Magier, sah es zufrieden. Er stand dreimal sieben Fuß von Cheops entfernt. Die Drei galt als heilige Zahl der Himmelsgöttin Nut, die Sieben als die des schrecklichen Seth.
Für den großen Zauber hatte der Alte einen schwarzen Umhang übergeworfen, der ihm vom Hals bis zu den Füßen reichte. Von seinem weiß gepuderten Gesicht hoben sich die rot umränderten Augen gespenstisch ab. Auf die Glatze des Meisters hatte ein Diener mit blauer Farbe das Zeichen des Lebens gemalt.
Zu Dedis Füßen lag der Löwe. Er blinzelte in das Licht der Öllampen und gähnte gelangweilt. Dedis Diener hielten ihn an zwei Kupferketten. Misstrauisch belauerten sie den „Steppenkönig“, wie der Meister das gefährliche Vieh nannte.

Vor Dedi stand ein Dreifuß mit einer großen Kupferschale darauf. Auf einem schwarz verhängten Tisch daneben lagen drei Fackeln aus Zedernholz und ein Häufchen Weihrauch. Ein nubischer Sklave hielt zwei silberne Becher in den Händen. Sooft er auf den Löwen schielte, zitterte er. Dann zischte ihn der Meister aller Magier an: „Nimm dich zusammen, du Tölpel! Jeder Tropfen dieses köstlichen Weines ist wertvoller als die Hände, die ihn verschütten!"
Auch die Sklaven bei den Öllampen beäugten den Löwen verängstigt. Wenn er sich losreißen wollte, konnten ihn die Diener des Zauberers bestimmt nicht zurückhalten!
Das dachte auch Meritites, die Große königliche Gemahlin. Sie flüsterte dem Pharao etwas zu. Cheops nickte und fragte den Magier, ob er den Löwen für seinen Zauber benötige.
„Nein, Erhabener", antwortete Dedi. „Ich wollte ihn nicht allein zurücklassen. Ohne Aufsicht ist er unberechenbar."
Er könnte auch bei deinem Zauber unberechenbar werden", sagte der Pharao. „Deine Diener sollen ihn wegbringen und bei ihm bleiben."
Dedi verneigte sich. „Wie du befiehlst, Erhabener." Mit einem Wink befahl er seinen Dienern, das Tier wegzubringen.
Sie zogen an den Ketten, der Löwe bewegte sich nicht. Als sie zerrten, knurrte er böse. Vor Schreck ließen sie die Ketten fallen. Zwei Hofdamen schrien auf.
Dedi blickte den Löwen scharf an, sagte: „Geh!" und zu seinen Dienern: „Nehmt die Ketten auf!"
Widerstandslos ließ sich das Tier aus dem Saal führen. Die es sahen, erstarrten in Staunen.

„Es ist Mitternacht!", rief der königliche Zeitmesser an der Wasseruhr.
Der Pharao hob das Zepter. Ein Sklave schlug auf den riesigen Kupfergong, der am Eingang der Halle hing. Dumpf rollte das Dröhnen durch den Palast und ins Freie ...
Der Meister aller Magier begann mit der Beschwörung des gefährlichen Gottes. Mit großer Geste ergriff er zwei der Zedernholzfackeln und legte sie in die Kupferschale. Dann hob er die dritte Fackel hoch empor und befahl mit lauter Stimme: „Löscht die Lichter in der Halle!"
Die Sklaven an den Öllampen bliesen die Dochte aus. Es wurde finster im Saal.
Die Fackel, die der Magier emporhielt, flammte auf, ohne dass ein Feuerstein geklickt hatte. Mit der brennenden Fackel entzündete Dedi die beiden in der Schale. Dann warf er eine nach der anderen in die Höhe, fing sie auf und ließ sie durch die Luft wirbeln – schnell und immer schneller –, bis es aussah, als ob er ein brennendes Rad bewegte. Im Schein des flammenden Kreises verzerrte sich sein Gesicht in zuckendem Licht- und Schattenspiel. Und er rief: „Großmächtiger Seth, Beherrscher der Wüste, dem nichts verborgen bleibt, was auf Erden geschieht: Ich rufe dich!"
Die Zuschauer hielten den Atem an.
Dedi warf die Fackeln in die Kupferschale und streute die Weihrauchkörner darüber.
Duftwolken stiegen auf. Sie reizten zum Husten. Wieder wurde es dunkel, doch nur für wenige Augenblicke. Langsam tauchte die Gestalt des Magiers aus der Finsternis auf. Das Gesicht schimmerte in dunklem Gelb wie der Sand der Wüste, der Umhang in

leuchtendem Blau wie der Himmel über dem Sandmeer. Auf der Stirn des Meisters blitzte ein Stein in grellem Weiß wie die tödliche Sonne über dem Sand.
Die bleichen Hände des Magiers griffen nach den Weinbechern. Der Sklave, der sie hielt, erstarrte vor Schreck.
Dedi hob die Becher hoch und rief: „Großmächtiger Seth, zeige dich gnädig! Nimm das Blut der Reben an, das dein Diener dir reicht!"
Nur mühsam unterdrückten Meritites und einige Hofdamen den Aufschrei, andere schlossen die Augen.
Der Pharao kniff die Daumen ein.
Der schreckliche Seth nahm den Wein an, den der Meister ihm bot! Der Gott blieb unsichtbar, doch das erhöhte nur das prickelnde Staunen.
Der Becher, den der Magier in der linken Hand gehalten hatte, schwebte nach oben und verschwand.

„Ich danke dir, großmächtiger Seth!", rief Dedi und leerte den anderen in einem Zug. Dann warf er ihn über die Schulter, und auch dieser Becher verschwand. Dedi streckte die Hände vor und bewegte die Finger. Es sah aus, als streue er glitzernde Körner, die er aus dem Nichts geholt hatte, in die Kupferschale.
Es zischte, und wieder lag alles im Dunkel.
Irgendwo brüllte der Löwe.
Erschrockene stöhnten. Die Priester mahnten zur Ruhe.
„Ruhe!", befahl auch der Pharao. „Niemand erzürne den Gott mit Geschrei!" Meritites, die Große königliche Gemahlin, klammerte sich an ihn, und er strich ihr über die Wange.
Die Finsternis hielt an, die Unsicherheit wuchs. Hatte Seth den Magier vernichtet?
„Dedi!", rief Cheops.
Der Alte antwortete nicht.
„Er ist ein Schwindler", flüsterte jemand. „Er hat sich im Dunkel davongeschlichen." In der gespannten Stille verstanden alle, was er gesagt hatte.
Der Pharao befahl, Fackeln und Lampen anzuzünden.
„Nein!", rief Dedi. Alle erkannten seine Stimme. Und wieder staunten sie.
In fahlem Licht erschien der Meister aller Magier da, wo er verschwunden war. Sein schwarzer Umhang war blendend weiß geworden, der Stein auf seiner Stirn blitzte in grellem Rot. In Dedis Händen wand sich eine der giftigsten Wüstenvipern: die heilige Schlange des Seth.
Erschrockene sprangen auf und wichen zurück. Unbeeindruckt blieben nur die Priester. Sie hatten Ähnliches schon erlebt.

Dedi hob die Schlange hoch empor und sprach: „Nun, gnädiger Seth, zeige uns den ersten der Räuber, die das Grab der verewigten Königin geschändet haben!“ Mit kräftigem Schwung warf er die Schlange in die Halle hinein. Sie verschwand, wie die Becher verschwunden waren.

„Wenn du gerecht bist, mächtiger Seth, dann zeig ihn nicht“, flüsterte Hetepheres.

Der Meister aller Magier legte die Hände auf den Rand der Kupferschale, und wieder geschah Unheimliches. Dedi versank im Dunkel. Aus der Schale stieg Feuer zu riesiger Höhe auf. In den Flammen erschien eine dunkle Gestalt, der Kleidung nach ein Mann. Sein Gesicht war nicht zu erkennen.

„Das ist er!“, rief Dedi aus der Finsternis.

Noch einmal brüllte der Löwe, diesmal von weit her.

Die Flammen verzehrten die dunkle Gestalt und erloschen.

„Lass die Lampen entzünden, Erhabener“, bat Dedi aus dem Dunkel. Feuersteine klickten. Es wurde hell. Der Zauberer trug den schwarzen Umhang, in dem er die Halle betreten hatte. Sein Gesicht war nicht mehr weiß gepudert, die Augen waren nicht mehr rot umrandet. Auf der Glatze fehlte das Zeichen des Lebens. Die Kupferschale war leer. Auf dem Tisch daneben lagen drei Fackeln aus Zedernholz und ein Häufchen Weihrauch. Die Fackeln waren nicht angebrannt, vom Weihrauch fehlte kein Körnchen. Nur die silbernen Becher blieben verschwunden.

„Wer ist der Mann, den der Gott im Feuer gezeigt hat?“, fragte der Pharao.

Aufgeregtes Gemurmel verhinderte Dedis Antwort. Es kam von der Saaltür her.

Unwillig erkundigte sich Cheops nach dem Grund der Unruhe.
Der Türhüter lief heran, warf sich auf die Knie, streckte die Hände vor und jammerte: „Verzeih, Erhabener, es sind die Diener des Magiers. Sie lassen sich nicht abweisen."
„Lass sie eintreten", befahl Cheops.
Die beiden Diener eilten in die Halle, warfen sich zuerst vor dem Pharao, dann vor ihrem Meister zu Boden und meldeten atemlos, dass ihnen der Löwe entkommen sei. Wohin, wüssten sie nicht.
Cheops runzelte die Stirn.
Dedi blieb gelassen. „Der gnädige Seth hat mein Opfer angenommen", erklärte er ruhig.
„Welches Opfer?", fragte der Pharao.
„Den Löwen, Erhabener", antwortete der Magier. „Seth findet Gefallen an ihm. Er hat ihn zu sich genommen, doch nicht in den Tod, sondern in die Freiheit der Steppe, die zwischen dem Nil und der Wüste ist." Er hob die Hände und rief beschwörend: „Niemand vergreife sich an dem Löwen des Seth!"
„Woran sollen wir ihn erkennen?", erkundigte sich der Bruder des Pharaos, der Dedi in den Palast gebracht hatte.
Cheops winkte ab. „Wer ist der Grabräuber?", fragte er ungeduldig. „Wer ist der Mann, der im Feuer erschien?"
Wieder war Lärm an der Tür. Ein königlicher Aufsichtsbeamter eilte in die Halle, verneigte sich vor dem Pharao und streckte die Hände vor." Am Hafen brennt es, Erhabener", meldete er atemlos.
„Der Mann im Feuer", murmelte Cheops. „Jetzt antwortet der Gott." Er befahl dem Beamten, sich zu

erheben, und erkundigte sich, welche Hütte in Flammen stehe.
„Die Schenke des Vergessens, Erhabener", antwortete der Bote. „Der Schankwirt heißt Dag."

Im Namen des Pharaos

Die Schenke des Vergessens brannte nieder. Die Schilftrennwände und Papyrusmatten flammten lichterloh, die Schlammziegelmauern barsten in der Glut. Ernsthaft verletzt wurde niemand. Im Schankraum waren nur wenige Gäste gewesen. Die meisten hatten zum Königspalast gedrängt, um Dedis Zauber aus der Nähe zu erleben.
Um Mitternacht waren die letzten Zecher, der Wirt, die Wirtin und Sedech vor das Haus gegangen.
Das Feuer entdeckten sie erst, als ihnen die Hitze ins Genick schlug. Der Brand war an der Rückwand der Schenke ausgebrochen und hatte sich in Windeseile zur Vorderfront durchgefressen. Das erste Knistern war in der lauten Unterhaltung der Zecher untergegangen.
Der Nil floss in unmittelbarer Nähe vorbei, doch Löschen wäre jetzt sinnlos gewesen. Dag, Baket und Sedech versuchten zu retten, was noch zu retten war. Die späten Zecher halfen ihnen, so gut sie konnten. Keuchend schleppten sie Vorräte an Lebensmitteln und Getränken ins Freie. Wertvollen Schmuck und andere Kostbarkeiten gab es in Dags Familie nicht.
„Vier Arme müsste ich haben statt des einen, den mir der Pharao gelassen hat", keuchte der Schankwirt. Er gab erst auf, als die Glut ihm das Gesicht versengte.

Die Nachbarn, die nicht zum Palast gelaufen waren, kümmerten sich um ihre eigenen Häuser. Sie gossen Nilwasser an die dem Brandherd zugewandten Wände. Das Feuer griff nicht über.
Völlig erschöpft setzten sich die Wirtsleute und ihre Helfer neben die geretteten Habseligkeiten.
„Warum lässt Seth seinen Zorn an dir aus statt an dem Zauberer?“, fragte ein Zecher den Wirt.
Dag zuckte die Achseln.
Einer der Gäste war um das Haus gegangen. Als er zurückkam, meinte er: „Es könnte Brandstiftung gewesen sein. Ich hab' einen Kerl gesehen. Er lag hinter der Schenke und starrte ins Feuer. Als er mich kommen sah, sprang er auf und lief zum Nil. Er hinkte deutlich. Ich rief ihn an, er gab keine Antwort. Ich lief ihm nach, doch er entwischte mir. Als ich ihn beinahe eingeholt hatte, sprang er in ein Binsenboot und ruderte davon.“
Baket schüttelte den Kopf. „Warum sollte jemand unsere Schenke anzünden?“, fragte sie.
„Feinde hat jeder“, meinte einer der Gäste. „Ich war einmal stinkwütend auf einen Wirt, der mich hinausgeworfen hatte.“
Bevor er weitersprechen konnte, fragte Sedech aufgeregt: „Der Kerl hinkte, sagst du?“
„Ja“, bestätigte der Mann, der ums Haus gegangen war. „Er lief auf einem längeren und einem kürzeren Bein.“
„Er war es!“, rief Sedech.
„Wieso?“, fragte Dag.
Sedech erzählte hastig: „Vor einigen Tagen – als du die geschäftliche Besprechung mit deinen Freunden hattest …“
Dag winkte ab. „Schon gut, ich weiß, welchen Tag du meinst. Komm zur Sache.“

Sedech fuhr fort: „Damals warf ich einen Betrunkenen hinaus, einen Fremden, der zum ersten Mal bei uns war. Vor der Tür fiel er hin, rappelte sich auf und drohte mit Rache. Als er davonging, hinkte er. Sein linkes Bein war kürzer als das rechte."
„Genau wie bei dem Kerl, der mir entwischt ist", sagte der Mann, der ums Haus gegangen war.
Immer mehr Leute liefen heran. Es gab Gedränge, Geschrei – und Peitschenhiebe. Vier herkulische Nubier schlugen eine Gasse für ihren Herrn. „Platz dem erhabenen Bruder des göttlichen Pharaos!", brüllten sie dazu.
Die Leute wichen aus, verneigten sich und schielten auf den von acht Sklaven geschleppten Tragsessel. Auf diesem saß der Prinz, der den Magier Dedi in die Snofrustadt geholt hatte. Beiderseits der Sänfte gingen je vier Fackelträger und vier Bewaffnete. Ein Offizier und zehn weitere Krieger marschierten hinterher. Der Offizier war Ranef.
Vor der Brandstätte blieben die Träger stehen. Der Prinz winkte Ranef zu sich und flüsterte ihm etwas ins Ohr.
Ranef verneigte sich, wandte sich um und rief in die Menge: „Der Schankwirt Dag, sein Eheweib Baket und sein Stiefsohn Sedech bleiben hier! Alle anderen treten zurück!" Er befahl es herrisch, doch war ihm anzumerken, dass er sich nicht wohl dabei fühlte.
Seine Krieger trieben die Leute zum Halbkreis auseinander.
„Der Bruder des Pharaos ist gekommen", flüsterte Dag seiner Frau Baket und seinem Stiefsohn Sedech zu. „Ich denke, dass er uns die Hilfe des Pharaos versprechen wird."
„Der Schankwirt zu mir!", befahl der Prinz.

Dag trat vor, verneigte sich und streckte die Hand aus. Der Bruder des Pharaos sah ihn lange an. Endlich fragte er: „Du hast einen Arm und ein Auge verloren?“
„Ja, Erhabener“, antwortete Dag. „Im Kampf gegen die Libyer.“
Der Prinz lächelte. „Trotzdem scheinst du tüchtig zupacken zu können“, meinte er freundlich.
„Gewiss, Erhabener“, bestätigte Dag.
Das Lächeln verschwand. „Auch bei einem Einbruch?“, zischte der Prinz.
Dag erschrak. „Aber nein, Erhabener“, versicherte er hastig. „Ich bin kein Dieb.“
Mit herrischem Wink wies ihn der Prinz zur Seite. Zwei Krieger stellten sich hinter ihn.
„Nach Hilfe sieht das nicht aus“, flüsterte Sedech seiner Mutter zu.
„Die Wirtin zu mir!“, befahl der Prinz.
Baket trat vor und verneigte sich.
„Weißt du von allem, was dein Mann tut?“, fragte der Bruder des Pharaos.
„Ich denke schon“, antwortete Baket.
„Auch von dem Einbruch?“, lauerte der Prinz.
Baket verbarg ihr Erschrecken, verneigte sich wieder und antwortete gefasst: „Einbruch, Ehrwürdiger? Von welchem Einbruch sollte ich wissen?“
„Ab mit ihr“, knurrte der Prinz unwillig.
Zwei Krieger schubsten sie an die Seite ihres Mannes.
„Wenn ihr miteinander redet, schlagen wir zu“, drohten sie. Der Prinz befahl den Jungen zu sich.
Sedech verbeugte sich knapp. Er war wütend.
„Wer bist du?“, erkundigte sich der Prinz sehr freundlich.
„Der Sohn“, antwortete Sedech.

„Es heißt: der Sohn, Erhabener", tadelte ihn Ranef. Sedech beachtete ihn nicht.
„Was denkst du jetzt?", fragte der Prinz. „Sprich offen."
Sedech hörte die versteckte Drohung, doch war er viel zu zornig, als dass er sich beherrschen konnte. „Ich dachte zuerst, dass du uns zu Hilfe kommen würdest", antwortete er trotzig. „Ein Mann, den ich vor einigen Tagen hinausgeworfen habe, hat unsere Schenke in Brand gesteckt. Er wurde gesehen."
Der Prinz ballte die Fäuste. Seine Freundlichkeit war wie weggeblasen. „Seth hat euch gestraft!", fuhr er den Jungen an. „Weg mit dir!"
Zwei weitere Krieger stießen Sedech zu den Eltern. Die Leute warteten gespannt.
Der Prinz hob die Hand und verkündete mit lauter Stimme: „Der Schankwirt Dag ist einer der Räuber, die das Grab der Mutter des göttlichen Snofru geschändet haben!"
„Nein!", begehrte Sedech auf. Ein Krieger presste ihm die Hand auf den Mund.
Der Prinz fuhr fort: „Der grimmige Seth, dem nichts verborgen bleibt, zeigte dem göttlichen Pharao einen Mann im Feuer!" Er wies auf Dag. „Diesen Mann! Seth legte den Brand der Schenke zum Zeichen!"
Die Leute steckten die Köpfe zusammen und tuschelten aufgeregt.
„Ruhe!", befahl Ranef. Seine Stimme klang heiser.
„Das Weib des Schankwirts und sein Sohn sind schuldig wie er!", rief der Prinz weiter.
Einige Zuhörer begehrten auf. Die Krieger schlugen zu. „Bindet die Schuldigen!", befahl der Prinz.
Blitzschnell schnürten die Krieger Dag, Baket und Sedech die Hände auf den Rücken.

„Niemand vergreife sich am Eigentum des Pharaos, das aus dem Feuer gerettet wurde!“, rief Ranef. „Vier meiner Krieger werden es bewachen, bis darüber entschieden ist! Wer ihnen zu nahe kommt, geht zu den Krokodilen!“
Der Bruder des Königs ließ sich in den Palast zurücktragen. Die Gefangenen wurden weggetrieben. Sedech blutete aus der Nase. Er hatte vor Ranef ausgespuckt und einen Faustschlag ins Gesicht bekommen.

Im „Fall des Grabräubers Dag, seines mitschuldigen Weibes und des ebenfalls mitschuldigen Stiefsohnes“ urteilten die königlichen Richter schneller als sonst. Die Angeklagten besaßen nichts mehr, womit sie die Herren bestechen konnten.
Zwar war der geraubte Grabschmuck in den Trümmern der Schenke nicht gefunden worden, und der Wirt hatte auch unter schmerzhafter Befragung seine Unschuld beteuert, während das Weib und der Stiefsohn sich dumm gestellt hatten. Doch was bedeutete das gegenüber dem Zeichen des Seth! Der Gott hatte einen Mann in Flammen gezeigt. Das konnte nur der Schankwirt gewesen sein, dessen Kneipe in derselben Nacht abgebrannt war. Sonst hatte es weit und breit kein Schadenfeuer gegeben.
Und der unverschämte Lümmel Sedech hatte dem Gardeoffizier Ranef vor die Füße gespuckt!
Schon am nächsten Vormittag verkündeten Ausrufer das „gerechte“ Urteil: „Im Namen des göttlichen Pharao! Der Grabräuber Dag und sein mitschuldiger Stiefsohn Sedech sind zum Tode, Dags Eheweib Baket zur Sklaverei verurteilt! Für Hinweise, die zur Ergreifung der übrigen Grabräuber führen, gibt es die höch-

ste Belohnung, die je ein König versprochen hat: ein Grab an der Pyramide! Das bedeutet, dass der Glückliche dem göttlichen Cheops in Ewigkeit nahe sein darf!"

Die Ausrufer wurden von Bewaffneten begleitet. Dag war beliebt. Seine Stammgäste, meist streitsüchtige Kerle, griffen schnell zu Messer und Knüppel. Königliche Schreiber, die in der Hafengegend Abgaben eintrieben, waren schon einige Male misshandelt worden. Jedes Mal waren die Schläger so schnell verschwunden, wie sie aufgetaucht waren.

Deshalb die Vorsicht. Sie war notwendig. Dags wegen protestierten selbst Leute, die sich sonst friedlich verhielten. Dass der Wirt ein Grabräuber war, glaubte niemand von denen, die ihn kannten.

„Für Snofru hat er sich geschlagen, und Cheops tötet ihn dafür!", schimpfte ein Wütender.

„Pfui!", riefen die Leute, die ihm zuhörten.

Als der Zornige von Sicherheitsbeamten ergriffen wurde, brauchte er sich nicht zu wehren. Seine Freunde befreiten ihn. Die Häscher erwachten einige Zeit später in einer Schlammpfütze am Nil.

Die Unruhe in der Hafensiedlung wuchs. Geheime Späher verständigten den Wesir, dieser meldete es dem Pharao.

Er kam zur ungünstigsten Zeit. Cheops hatte sich den Magen verdorben, und der Heiltrank des Leibarztes war gallbitter gewesen. Nicht einmal zwei Becher des köstlichsten Weines hatten den scheußlichen Nachgeschmack gemildert.

Da faselte der Wesir von Unruhe im Hafen!

Cheops stampfte mit dem Fuß auf und schrie: „Bin ich denn nur noch von Schwachköpfen umgeben?!" Dann

warf er eine kostbare Vase, die den Wesir um Haaresbreite verfehlte.
Der splitternde Krach brachte Cheops zur Besinnung.
„Du darfst dich entfernen", sagte er etwas freundlicher.
Der Wesir verneigte sich knapp und ging beleidigt.
Zwei Sklaven sammelten die Bruchstücke auf.
„Schade, dass er nicht getroffen hat", flüsterte der eine dem anderen zu. „Der Wesir ist ein Ekel."
„Der Pharao auch", murmelte der andere.
„Beeilt euch, ihr zibyschen Hornochsen!", zischte der Türsteher.
„Wir sind fertig, Herr", antworteten sie und verdrückten sich. In sicherer Entfernung streckten sie die Zungen heraus und sagten: „Muuuuh!"

Aufregung war auch im Haus der Herrschaften. Einer der ersten Ausrufer hatte das Urteil gegen Dag und dessen Angehörige nahe der Nobelschenke verkündet. Senti hatte es gehört und einen Schreikrampf bekommen. Sie schrie so laut, dass es die Gäste hörten. Frau Scherit, die soeben den Offizier Ranef begrüßte, ließ ihn stehen und lief in die Kammer ihrer Tochter. Senti schlug mit den Fäusten gegen die Wand. Sie schrie nicht mehr, sie jammerte nur noch.
Scherit nahm sie in die Arme. Bevor sie fragen konnte, stöhnte das Mädchen: „Er darf nicht sterben! Ich will nicht, dass er stirbt!" Tränen erstickten ihre Stimme.
„Das soll er nicht", stimmte die Mutter zu. „Wer ist es denn?"
„Sedech", schluchzte Scherit, und wieder überkam sie das heulende Elend.
„Sedech?", wiederholte Scherit. „Meinst du den Jungen aus der Hafenkneipe?"
„Er darf nicht sterben", wimmerte Senti. „Wenn er stirbt, dann ..." Sie stockte, gab sich einen Ruck und drohte: „Dann geh' ich in den Nil!"
Frau Scherit kannte ihre Einzige. Jetzt half nur gutes Zureden. Senti hatte schon öfter Begeisterung für Ungewöhnliches gezeigt. Die war dann immer schnell verraucht. Jetzt schwärmte sie also für Sedech. Scherit kannte ihn von ihren geschäftlichen Beziehungen zu Dag her. Sedech war ein hübscher Junge, aber kein Umgang für Senti. Nun ja, den Tod wünschte auch Scherit ihm nicht. Sie strich der Tochter über den Kopf.
„Hilf ihm", bettelte Senti.
„Ich werde darüber nachdenken", versprach die Mutter.
„Das brauchst du nicht", sagte Senti und wischte sich

die Tränen aus den Augen. „Ich weiß, wie wir Sedech helfen können."
„Wir?", fragte Scherit.
Senti nickte heftig. „Ja, Mutter, wir beide. Ich denke an den Offizier Ranef. Er himmelt uns an, dich und mich. Wenn wir ihm schöne Augen machen und ihn um Hilfe bitten, sagt er bestimmt nicht nein. Du hast mir gesagt, dass Hetepheres, die Mutter des Pharaos, auf ihn hört. Du musst ihm ja nicht erzählen, dass ich Sedech mag. Sag ihm, dass uns Dag und seine Familie Leid tun, und lass dir noch etwas dazu einfallen. Bitte ihn, mit Hetepheres zu reden, damit sie beim Pharao um Gnade bittet. Wenn wir Ranef dazu seelenvoll angucken, tut er es sicher."
Mutter Scherit war sprachlos.
„Dann würde ich auch nicht in den Nil gehen", sagte Senti. „Aber für Sedech ..."
Scherit unterbrach sie. „Schon gut, Herzchen", sagte Senti. „Von wem hast du das bloß."
„Von dir", behauptete Senti. Sie kniff die Daumen ein. „Hoffentlich kommt Ranef schon heute."
„Er ist bereits da", sagte Scherit. „Als ich ihn begrüßte, hast du geschrien."
„Fein!", rief Senti. „Lassen wir ihn nicht warten!"
„Wir werden so freundlich zu ihm sein wie zu jedem anderen Gast", sagte Scherit. „Das Weitere überlass mir."
„Weißt du Besseres als Anhimmeln?", fragte Senti.
Scherit nickte. „Ja, doch frag nicht danach."
„Ich mach' ihm trotzdem schöne Augen", sagte das Mädchen. „Sicher ist sicher."
Sie gingen in den Schankraum.
Die Wirtin entschuldigte sich bei Ranef, dass sie ihn so plötzlich verlassen hatte. Ihre Tochter, erklärte sie,

habe geschrien, weil sie sich den Knöchel verknackst hätte. Jetzt sei es wieder gut.
Dann bediente ihn Senti besonders freundlich.
Ranef war gekommen, um seinen Zorn auf Sedech mit zwei, drei Bechern Wein hinunterzuspülen. Dass ihm diese Hafenratte vor die Füße gespuckt hatte, wurmte ihn gewaltig.
Senti ließ ihm den Groll vergessen. Ranef blieb länger, als er sich vorgenommen hatte. Zeit blieb ihm genug. Nach dem vergangenen Nachtdienst musste er erst am nächsten Morgen wieder im Palast erscheinen.
Beim dritten Becher bat ihn Senti um einen Gefallen, für den sie ihm sehr dankbar sein würde.
Er nickte ihr zu. „Wenn ich kann, werde ich dir helfen", versprach er. „Was ist es denn?"
„Der Schankwirt Dag und sein Stiefsohn Sedech sind zum Tode, die Wirtin Baket zur Sklaverei verurteilt worden", sagte Senti. „Das darf nicht geschehen. Sorg dafür, dass es nicht geschieht – bitte!"
Ranef war es, als hätte er einen kalten Guss über den Kopf bekommen. Ihm war klar, dass Sentis Freundlichkeit nur den Verurteilten zuliebe gespielt war. „Warum?", brummte er ernüchtert.
„Weil sie unschuldig sind", sagte das Mädchen beschwörend. „Ganz besonders Sedech!"
„Sedech?", wiederholte Ranef gedehnt. Er leerte seinen Becher und setzte ihn hart auf den niedrigen Tisch zurück. „Er hat vor mir ausgespuckt!", zischte er. „Er, die miese Flussratte, vor mir, einem Offizier des Pharaos!"
„Entschuldige", murmelte Senti erschrocken. „Ich – ich bring' dir neuen Wein." Sie nahm den Becher und eilte zur Theke. „Ranef ist eingeschnappt", erklärte

sie der Mutter. „Ich hab' von Sedech gesprochen, das war falsch von mir."

„Bleib an der Theke", sagte Scherit. „Jetzt werde ich ihm zureden." Sie schenkte den Becher voll und ging zu Ranef.

Er sah nicht auf.

Sie setzte sich zu ihm. „Senti hat sich ungeschickt benommen", sagte sie entschuldigend. „Sprich bei Hetepheres trotzdem für Dag und seine Familie. Senti ahnt nichts von der Verbindung der Königsmutter mit den Grabräubern. Sie weiß auch nicht, dass wir, du und ich, in die Sache verwickelt sind."

Ranef leerte den Becher in zwei Zügen. „Soll ich Hetepheres mit Enthüllungen drohen?", spottete er.

„Aber nein", sagte Scherit. „Das wäre unser Todesurteil. Überzeug sie davon, dass eine Begnadigung auch ihr von Nutzen wäre."

„Ihr von Nutzen?", spöttelte Ranef. „Wie denn?"

Scherit lächelte. „Denk nach, dann fällt dir bestimmt das Richtige ein."

„Und warum soll ich mich ausgerechnet für diese Leute einsetzen?", brummte der Offizier.

„Du weißt, dass Dag seit Jahren mein Geschäftspartner ist", antwortete die Wirtin. „Er hat mich nie zu betrügen versucht, das rechne ich ihm hoch an. Außerdem sind die Verurteilten unschuldig. Das weißt du genauso gut wie ich. An ihrem Tod und Elend sollten wir uns nicht mitschuldig machen."

„Senti hat sich in Sedech verguckt", knurrte Ranef. „Warum sollte ich mich da für ihn einsetzen?"

Scherit lächelte. „Es ist eine Kinderschwärmerei, die bald vergehen wird."

„Und wenn nicht?", fragte Ranef. „Außerdem hat mir

der Bengel vor die Füße gespuckt!“ Er zuckte die Achseln. „Für Dag – meinetwegen; für Sedech – nein!“
„Tu's trotzdem“, bat Scherit. „Denk daran, dass Hingerichtete auf ewig verdammt sind. Mit dieser Schuld will ich nicht leben.“
Ranef brummte Unverständliches.
Scherit nahm es als Zustimmung. „Ich danke dir“, sagte sie herzlich.
Er biss die Zähne zusammen. „Ich möchte die Zeche begleichen“, murmelte er ärgerlich.
Scherit winkte ab. „Du warst mein Gast. Ich wünsche dir Glück bei Hetepheres. Wenn du wiederkommst, hoffe ich Gutes von dir zu hören.“

Hetepheres, die erhabene Mutter des göttlichen Cheops, bewohnte zwei Prunkräume im königlichen Palast. Sklavinnen lasen ihr jeden Wunsch von den Augen ab. Nubische Krieger, die ihr treu ergeben waren, wachten über ihre Sicherheit.
Einen weiteren Freund und Beschützer hatte sie in Ranef, dem Offizier der königlichen Garde. Er verehrte sie wie eine Göttin und gefiel ihr, weil er sie immer wieder bewundernd ansah. Im Laufe der Zeit war er ihr Vertrauter geworden.
Jetzt kam er zu ungewohnter Stunde.
Hetepheres ruhte vom Frühmahl aus, das sie heute verspätet eingenommen hatte.
Der nubische Türwächter meldete den ehrenwerten Ranef, Offizier der Garde des göttlichen Pharaos.
Hetepheres nickte ihm zu. Das bedeutete, dass der Besucher willkommen war.
Ranef trat ein und hob die Kommandopeitsche zum Gruß.

„Ich freue mich, dich zu sehen", sagte Hetepheres. „Tritt näher."
„Ich hoffe, Erhabene, dass du dich auch dann noch freust, wenn du meine Bitte gehört hast", antwortete er.
Sie lächelte. „Sprich, ich höre."
Ranef bat um Gnade für die Wirtsleute Dag und Baket, deren Schenke verbrannt war. „Sie sind unschuldig", sagte er. „Ich bitte dich, beim Pharao für sie zu sprechen."
„Überall auf der Welt werden Unschuldige verurteilt", wandte Hetepheres ein. „Warum setzt du dich für die Leute aus dem Hafen ein?"
„Scherit zuliebe", gestand Ranef. „Ich verehre sie und wäre glücklich, ihr helfen zu dürfen."
„Sie ist noch sehr hübsch", meinte Hetepheres, „aber für dich zu alt."
„Nun ja", gestand Ranef. „Eigentlich gefällt mir ihre Tochter Senti. Ich hoffe, sie mit Hilfe der Mutter für mich zu gewinnen. Das Mädchen ist dreizehn."
Hetepheres nickte beifällig. „Das richtige Alter zum Heiraten. Ich war elf, als ich Snofrus Gemahlin wurde. Ist sie hübsch?"
„Sehr hübsch", versicherte Ranef.
„Hält sie nicht viel von dir, weil du die Hilfe ihrer Mutter brauchst?", fragte Hetepheres.
„Das weiß ich nicht genau", antwortete Ranef verlegen.
Hetepheres schmunzelte. „Dann sieh zu, dass du es erfährst. Ich werde tun, was ich kann."
Ranef murmelte seinen Dank und wandte sich zum Gehen.
Die Königsmutter hielt ihn zurück. „Du hast von Dag

und Baket gesprochen", sagte sie. „Verurteilt wurde auch ihr Sohn. Wie heißt er doch?"
„Sedech", brummte Ranef.
„Warum sprichst du nicht auch für ihn?", erkundigte sich Hetepheres. „Er wurde doch nur verurteilt, weil er Dags Sohn ist."
„Dags Stiefsohn", verbesserte Ranef.
„Wenn Dag unschuldig ist, ist es Sedech erst recht", meinte die Königsmutter. „Ich nehme an, dass du den Jungen nur vergessen hast – oder?"
Ranef schwieg.
„Sentis wegen?", fragte Hetepheres. „Steht er dir bei ihr im Wege?"
Das saß! Doch der Königsmutter wollte es Ranef auf keinen Fall eingestehen. Er lachte. „Mir im Weg, Erhabene? Ein sechzehnjähriger Bengel einem Gardeoffizier?"
Also doch, dachte Hetepheres, und laut sagte sie: „Die Eltern zu begnadigen und den Jungen nicht, könnte Unverständnis und Unmut im Volk erregen. Ich werde mich beim Pharao auch für Sedech verwenden."
„Ich bewundere deine Weisheit", murmelte Ranef.
Hetepheres entließ ihn mit gnädiger Handbewegung.
Er ging in den Tempel der Nut. Dort erwarb er ein Amulett, das liebenswert machen sollte. „Mich für Senti", sagte er leise, als er es umhängte.

„Die erhabene Hetepheres", meldete der Hofmeister dem Pharao.
„Ich bin krank", knurrte Cheops.
„Und ich bin da, erhabener Sohn", sagte die Königsmutter. Sie hatte die Erlaubnis zum Eintreten nicht

abgewartet. „Geht", befahl sie dem Hofmeister und den Dienern.
„Was soll das?", protestierte Cheops. „Seit wann befiehlst du meinen Leuten?"
Statt darauf zu antworten, sagte sie: „Lass den Schankwirt Dag und seinen Stiefsohn nicht töten."
Cheops winkte ab. „Meine Richter haben sie verurteilt. Der Wirt ist der Mann, den Seth uns im Feuer gezeigt hat. Du warst dabei. Als der Magier den Gott beschwor."
„Es war nicht der Wirt", behauptete Hetepheres. „Die Gestalt im Feuer hatte zwei Arme, der Wirt hat nur noch einen. Leider fiel mir das erst vorhin ein. Doch ist es noch nicht zu spät für dich, zwei Todesurteile aufzuheben."
Der königliche Magen rebellierte schon wieder, der bittere Nachgeschmack des Heiltranks reizte den königlichen Gaumen. „Der Mann im Feuer hatte nur einen Arm", brummte Cheops ungnädig.
„Zwei Arme", widersprach Hetepheres. „Frag den Magier."
„Das ist nicht möglich", sagte der Pharao ungeduldig. „Kurz nachdem der Brand der Schenke gemeldet worden war, bat Dedi um seine Belohnung. Seth, erklärte er, habe ihn an einen anderen Ort befohlen. Noch vor Sonnenaufgang verließ er mit seinen Dienern die Stadt. Jetzt entschuldige mich, ich bin krank. Mein Magen dreht sich um."
„Das ist ein Zeichen der Götter", sagte die Königsmutter. „So bestraften sie auch deinen verewigten Vater Snofru, wenn er großes Unrecht getan hatte. Das Urteil gegen Dag und seine Familie ist sehr großes Unrecht. Sie sind unschuldig."

Cheops spürte einen Stich in den Eingeweiden und biss die Zähne zusammen. Schroffer, als er wollte, brummte er: „Wenn meine Richter in meinem Namen Beklagte für schuldig erklären, dann sind sie es!“ Er presste die Hand auf den Magen und stöhnte.
Hetepheres tätschelte ihm die Wange, wie sie es oft getan hatte, als er noch klein und kein Gottkönig gewesen war.
„Lass das“, sagte er unwillig. „Ich bin kein Kind mehr.“
„Sie sind unschuldig“, wiederholte Hetepheres. „Das Urteil ist ein Irrtum. Begnadige sie.“
„Das Gericht entschied in meinem Namen, dass sie schuldig sind, also sind sie es“, erklärte Cheops nur noch mühsam beherrscht. „Götter irren nicht, und der Pharao ist ein Gott!“ Das war deutlich und ließ keine Widerrede zu.
Hetepheres verneigte sich stumm.
„Ich werde sie trotzdem begnadigen“, murmelte Cheops. „Dir zuliebe, damit du Ruhe gibst. Doch komm mir nie wieder mit Gefühlsduselei.“
„Ich danke dir“, sagte die Königsmutter.
Cheops winkte ab. „Danke mir erst, wenn die Begnadigten mir danken.“
Hetepheres verneigte sich abermals und ging. Sie sagte Ranef Bescheid, dieser der Wirtin des Hauses der Herrschaften. Von Scherit erfuhr Senti, dass die Verurteilten begnadigt würden.
„Auch Sedech?“, fragte das Mädchen aufgeregt.
„Auch Sedech“, versicherte die Mutter.
Pharao Cheops hielt sein Versprechen – und die Begnadigten verfluchten ihn.

Begnadigt

Ausrufer verkündeten, dass der göttliche Cheops den zum Tode verurteilten Dag und dessen Familie begnadigt habe. Warum, erklärten sie nicht. Der Pharao war niemandem Rechenschaft schuldig.
Besonders laut verkündeten sie die Begnadigung in der Hafensiedlung.
„Wir haben uns in Cheops getäuscht", meinte ein Freund des Schankwirts. „Dag hat für Snofru einen Arm und ein Auge verloren. Das rechnet Snofrus Sohn Cheops ihm jetzt an."
„Wenn Dag zurückkommt, helf' ich ihm beim Aufbau der Schenke", sagte ein Fischer.
„Ich auch!", riefen andere.
Die Leute am Hafen beruhigten sich. Spitzel des Wesirs hörten es zufrieden und berichteten es ihrem Herrn.
Der Wesir meldete es dem Pharao.
Diesmal warf ihm Cheops keine Vase nach, sondern einen goldenen Armreif zu.

Gefangene Schwerverbrecher wurden bis zur Vollstreckung des Urteils „in den Fels geworfen". Das bedeutete Dunkelhaft in unterirdischen Verliesen. Drei Stollen mit einem gemeinsamen Zugang waren in die Felswand gehauen, die westlich der Snofrustadt aus der Nilebene aufstieg. Vor dem Zugang stand ein Wächterhaus. Feste Türen und starke Riegel verschlossen Stollen und Kammern.
Nun waren der Schankwirt Dag, sein Eheweib Baket und sein Stiefsohn Sedech „im Fels", jeder in einem anderen Verlies. Auf dem Boden lag vermodernder Papyrus.
Als die Wächter die Türen hinter den Gefangenen ver-

riegelt hatten, standen die drei – jeder für sich allein – in rabenschwarzer Finsternis. Die Wächter hatten ihre Fackeln mitgenommen, den Eingekerkerten stand kein Licht zu.
Dag lehnte sich gegen die Felswand. Er war gefoltert worden, die Wunden schmerzten. Dag biss die Zähne zusammen und lachte grimmig. Er hatte keinen der Freunde verraten, auch wenn er den Grabraub nicht billigte.
Baket war sich keiner Schuld bewusst. Sie flehte alle Götter um Hilfe für sich, ihren Sohn und ihren Gatten an.
Sedech hatte tapfer sein wollen; doch je länger die Finsternis dauerte, desto stärker kroch das Grauen auf ihn zu. Der feuchte Papyrus erschwerte das Atmen, und im Moder raschelte es, als huschten Ratten über den Boden.
Sedech tastete sich zur Tür und trommelte mit den Fäusten dagegen. Draußen blieb es still. Er schrie wie ein Wahnsinniger, doch nicht einmal das Echo antwortete ihm. In der niedrigen Felskammer gab es nur widerlichen Nachhall, der die Schreie dämonisch verzerrte.
Sedech tobte, bis er umfiel …
Fußtritte weckten ihn auf. Er blinzelte in Fackellicht und erkannte zwei riesige Nubier. „Was – ist los?“, stammelte er.
„Maul halten!“, knurrten sie, zerrten ihn hoch und stießen ihn in den Gang hinaus. Auf abgetretenen Steinstufen ging es nach oben. Auch dort flackerten Fackeln. Es musste Nacht sein.
Die Nubier schoben Sedech in einen düsteren Raum. Zwei Lampen an der Rückwand leuchteten matt. Hin-

ter einem Tisch saßen drei Männer. Sedech erkannte den Wesir. Die anderen waren ein Priester und ein Schreiber. Einer der Nubier versetzte ihm einen Stoß in den Rücken. „Auf die Knie vor dem Wesir des Pharaos!“, knurrte er.
Sedech hatte den Stoß nicht erwartet. Er fiel und schlug sich die Nase auf.
„Der Grabräuber Dag“, rief jemand hinter ihm, und ein anderer meldete: „Baket, das Eheweib des Räubers!“
Sedech rappelte sich auf. „Mutter!“, rief er. „Vater!“
Die Nubier hielten ihn zurück.
Dag war gefesselt. Anscheinend hielten ihn die Wächter für besonders gefährlich. Er nickte Sedech zu und lächelte mühsam. Die Folterknechte hatten ihm die Lippen zerschlagen.
„Im Namen des göttlichen Pharaos“, sagte der Wesir und gab dem Schreiber ein Zeichen.
„Im Namen des göttlichen Pharaos“, wiederholte dieser, tauchte die Rohrfeder in die Tusche und kritzelte auf einem Papyrus herum.
„Im Namen des göttlichen Pharaos also“, fuhr der Wesir mit erhobener Stimme fort, „werden der Grabräuber Dag, sein Eheweib Baket und sein Stiefsohn Sedech begnadigt.“ Er hob die Hand. „Nicht wegen erwiesener Unschuld, sondern dank der Milde des erhabenen Cheops, der den Beginn seiner Herrschaft nicht mit Blut beflecken möchte.“
Der Schreiber schrieb es auf.
Die Milde des Pharaos traf die Gefangenen wie Geißelhiebe. Im Namen des Gottkönigs begnadigte der Wesir den Schankwirt Dag zu lebenslänglicher Zwangsarbeit in den königlichen Kupferminen.
Die Rohrfeder kratzte.

„Nein!“, rief Sedech. Einer der Nubier packte ihn, der andere hielt ihm den Mund zu.
„Habt Erbarmen“, stöhnte Baket. „Er hat doch nur einen Arm!“
„Der zum Grabraub reichte“, sagte der Priester verächtlich. „Jetzt soll er zu ehrlicher Arbeit taugen.“
Der Wesir gebot Ruhe und verkündete die nächste Begnadigung: „Sedech, der laut Gesetz für die Untat seines Stiefvaters mitbüßt, erlaubt der gnädige Herrscher, am Bau der Cheopspyramide mitzuarbeiten. Der Begnadigte wird die ehrenvolle Tätigkeit ohne Unterbrechung verrichten und nicht – wie die Bauern – zur Aussaat- und Erntezeit nach Hause gehen. Sollte er die Vollendung der Pyramide erleben, ist er frei und seine Schuld gesühnt.“
Dag wankte auf den Priester zu. „Das ist keine Gnade“, keuchte er. „Das ist Verdammnis zu langsamem Sterben!“ Ein Faustschlag ließ ihn schweigen.
„Besondere Nachsicht bringt der gnädige Pharao der Wirtin entgegen“, fuhr der Wesir mit erhobener Stimme fort. „Sie wird nicht irgend jemandem als Sklavin dienen, sondern der erhabenen Königsmutter Hetepheres. Um diese Auszeichnung werden sie Tausende Sklavinnen beneiden.“
„Meine Mutter“, begehrte Sedech auf, und wieder presste ihm der Nubier die Hand auf den Mund.
„Lass ihn reden“, befahl der Wesir. „Die Begnadigungen sind ausgesprochen. Vielleicht möchte er sich bedanken.“ Der Spott in seiner Stimme war deutlich zu hören.
Sedech atmete tief. Dann sagte er mühsam: „Mein Vater war Steinmetz. Er wurde beim Bau der Snofrupyramide von einem Felsblock erschlagen. Mein Stief-

vater Dag verlor in Pharao Snofrus Krieg einen Arm und ein Auge. Wollt ihr meine Mutter deshalb versklaven? Wollt ihr zu dem Unrecht, das ihr mir und meinem Stiefvater antut, auch noch ein Verbrechen an meiner Mutter begehen?"

Der Schreiber wischte sich den Schweiß von der Stirn. Er war einige Male in der Schenke des Vergessens zu Gast gewesen und kannte den Jungen. Verstohlen bedeutete er ihm zu schweigen.

„Ein Verbrechen nennst du die Begnadigung deiner Mutter?", zischte der Priester. „Wir haben die Urteile im Namen des göttlichen Pharaos gesprochen! Bezichtigst du ihn eines Verbrechens?!"

Sedech biss sich auf die Lippen und schwieg.

„Ab mit ihnen!", befahl der Wesir.

Um Aufsehen und Aufruhr zu vermeiden, wurden Dag und Sedech noch in der Dunkelheit zum Nil gebracht: Dag auf ein Schiff, das Sklaven für die Kupferminen des Pharaos geladen hatte; Sedech auf das zweite, das Bauern und Handwerker zum Pyramidenbau bringen sollte. Da sich diese nicht freiwillig gemeldet hatten, wurden sie genauso bewacht wie die Sklaven auf dem anderen Schiff; allerdings nicht von Sklavenaufsehern, sondern von Kriegern des Pharaos. Das Kommando führte der Gardeoffizier Ranef. Hetepheres hatte ihn gebeten, auf Sedech besonders zu achten, damit ihm nichts zustoße.

„Ich werde ihn im Auge behalten", hatte Ranef versprochen.

Im Morgengrauen legten die Schiffe ab.

In derselben Nacht ging Baket in die Sklaverei. Ihr Wächter führte sie allerdings nicht in den königlichen Palast, sondern in das Haus der Herrschaften.

Die Nobelschenke war um Mitternacht geschlossen worden; doch Scherit und Senti erwarteten die Begnadigte im Schankraum.
„Ich bringe die Sklavin Baket", meldete der Wächter. Senti reichte ihm einen gefüllten Becher. Der Gerichtsknecht leerte ihn, bedankte sich und ging.
„Willkommen", sagten Scherit und Senti freundlich.
„Warum – bin ich – hier?", stammelte Baket verwirrt. „Und – wieso heißt ihr mich – willkommen? Ich bin zur Sklaverei verurteilt."
„Du bist keine Sklavin", sagte Scherit. „Du sollst in meiner Küche arbeiten, das ist alles. Deine Kochkunst wird selbst von Feinschmeckern gerühmt, die sich in die Schenke des Vergessens verirrt hatten. Du wirst hier wohnen und keine Not leiden. Mit Hetepheres ist alles abgesprochen. Auf meine Bitte hat sie dich mir übergeben, und bei mir bist du frei." Sie nickte ihrer Tochter zu. „Bring uns Wein, und nimm auch dir einen Becher."
Senti lief zur Theke.
„Setzen wir uns", sagte Scherit zu Baket. „Im Sitzen spricht es sich leichter. Oder möchtest du nur einen Schluck trinken und dann schlafen gehen? Es ist spät, und du hast Schlimmes erlebt."
„Nein, nein", wehrte Baket ab. „Mir brennt zu vieles auf der Zunge."
Senti brachte den Wein.
„Trinken wir", sagte Scherit. „Dann brennt es nicht mehr."
Sie tranken. Senti nippte nur an ihrem Becher, sie machte sich nichts aus Wein.
„Dein Mann, Baket", sagte Scherit, „kämpfte unter dem Kommando meines Gatten gegen die Libyer.

Mein Gatte fiel, Dag wurde zum Krüppel." Sie lachte bitter. „Mich belohnte Snofru mit dieser Kneipe. Er erniedrigte mich zur Dienstmagd für Reiche, die Schlachtfelder nur vom Hörensagen kennen und den Krieg in sicherer Entfernung als Nervenkitzel genießen. Das Elend, Baket, das Helden hinterlassen, tragen wir Frauen."

„Dag und Sedech sind zu langsamem Sterben verurteilt", stieß Baket hervor. „Sie werden zur Arbeit gepeitscht werden und unter Peitschenhieben verenden!" „Nein!", rief Senti.

„Dag und Sedech werden nicht lange Sklaven bleiben", versprach Scherit. „Hetepheres wird helfen, sobald sie kann."

„Wenn ich das bloß glauben könnte", murmelte Baket.

„Glaub mir und hoffe auf den Beistand der Götter", sagte Scherit. „Du bist bereits in Sicherheit. Und der Kommandant des Schiffes, auf dem Sedech weggebracht wird, ist ein Vertrauter der Königsmutter und unser Freund." „Ranef?", fragte Senti aufgeregt.

Scherit nickte. „Ja, Ranef. Das weiß ich von Hetepheres. Sie befahl ihm, auf Sedech besonders zu achten."

Baket zuckte die Achseln. „Das kann auch bedeuten, dass der Offizier meinen Sohn strenger behandeln soll als die anderen."

„Aber nein", widersprach Scherit. „Hetepheres meint es gut, und Ranef ist ein Ehrenmann."

„Ja", stimmte Senti zu. „Sedech wird bald frei sein." Sie kniff die Daumen ein. „Ganz bestimmt!" Das glaubte sie tatsächlich, weil sie es glauben wollte. Das Daumendrücken war die Beschwörung dazu.

Sentis Zuversicht steckte an. Auch Baket begann zu hoffen. Sie schmiedeten Pläne.

Die Lastschiffe, die Sklaven für die Kupferminen und unfreiwillige Arbeiter für den Pyramidenbau geladen hatten, rauschten nilabwärts.
Auf dem Sklavenschiff waren je zwei Gefangene aneinandergekettet. Der Schankwirt Dag war an einen ehemaligen Krieger gefesselt. Der Mann hieß Samut und war wegen Gotteslästerung und Majestätsbeleidigung zur Minensklaverei verurteilt worden. Im Suff hatte er Pharao Cheops einen größenwahnsinnigen Irren genannt, die Große königliche Gemahlin Meritites eine dumme Gans und den Wesir ein fettes Schwein.
Jetzt lachte er plötzlich.
„Bist du verrückt geworden?“, flüsterte Dag.
Wieder lachte der andere. „Aber nein, Bruderherz. Sieh mal: Ich wurde zum langsamen Tod in der Mine *verurteilt*, du wurdest dazu *begnadigt*. Ist das nicht lustig?“ Und wieder lachte er. Dabei hatte er Tränen in den Augen, Tränen der Wut.
Ein Peitschenhieb pfiff auf ihn nieder, der zweite traf Dag. „Witze machen, wie?“, fauchte ein Aufseher und schlug zum dritten Mal zu. „Das als Warnung“, spottete er. „Damit ihr begreift, dass es für euch nichts mehr zu lachen gibt!“ Er wandte sich ab und drosch auf Sklaven ein, die gemurrt hatten.

„Ich werde fliehen", keuchte Samut in das Stöhnen der anderen. „Kommst du mit?"
Dag schüttelte den Kopf. „Fliehen? Wie denn?" „Die Gelegenheit wird sich ergeben", antwortete Samut.
„Und wenn sie uns einfangen?", wandte Dag ein.
„Werden wir uns wehren", sagte Samut.
Dag verzog das Gesicht. „Sie werden uns erschlagen."
„Richtig", stimmte Samut zu. „Das ist immer noch besser, als langsam vor die Hunde zu gehen."
„Du hast Recht", sagte Dag. „Ich bin dabei, wenn es soweit ist."

Die Männer auf dem anderen Schiff waren nicht gefesselt. Sie galten als freie Bürger und Handwerker. Dass sie bewacht wurden, war ihre eigene Schuld. Wenn sie sich freiwillig zum Bau der Cheopspyramide gemeldet hätten, wären sie ohne kriegerische Bewachung gereist.
Der Junge Sedech war von den anderen abgesondert. Ranef hatte ihn einsperren lassen. „Wegen Fluchtgefahr", hatte er erklärt.
Sedech hockte unter Deck in einem Verschlag, der so niedrig war, dass der Gefangene darin nur sitzen konnte. Mattes Licht schimmerte durch einige Ritzen im Holz und Luftlöcher in der Decke. Die kleine Tür war von außen verriegelt.
Sedech hatte sich gegen die Wand gelehnt, die Augen geschlossen und Verwünschungen gemurmelt. Dann hatte ihn die Erschöpfung überwältigt, und er war eingeschlafen.
Die Götter bewahrten ihn vor bösen Träumen.
Zwei Tritte gegen die angezogenen Beine rissen ihn aus dem Schlaf. Er fuhr auf, stieß mit dem Kopf gegen die Käfigdecke und stöhnte.

Ein Mann lachte spöttisch.
Sedech blinzelte in das gedämpfte Licht, das durch eine Deckluke in den geöffneten Käfig fiel, und erkannte Ranef.
Um in den Verschlag sehen zu können, war der Gardeoffizier in die Hocke gegangen.
„Ausgeschlafen, Knäblein?", spottete er.
Wut stieg in Sedech auf. Ohne an die Folgen zu denken, beugte er sich vor und höhnte: „So, wie du dahockst, siehst du lächerlich aus."
Einen Offizier lächerlich zu nennen war eine schwere Beleidigung. Das hatte Sedech von einem Krieger gehört, der in der Schenke des Vergessens gezecht hatte.
Ranef sprang auf. Sedech zog die Füße an und kauerte sich an der Rückwand zusammen. Von Ranef sah er nur mehr die Beine. Wieder ein lächerlicher Anblick, doch der Junge spottete nicht weiter. Die Wut verflog, jetzt kam die Angst.
Die Fußtritte, die Sedech befürchtet hatte, blieben aus. Ranef redete nur. „Du hast zweimal gegen mich aufgemuckt, Knäblein", sagte er gefährlich ruhig. „Das erste Mal, als du mir bei deiner Festnahme vor die Füße spucktest; das zweite Mal vorhin, als du mich lächerlich fandest. Nun wird es Zeit, dass ich dich ein wenig lächerlich mache. Spitz die Ohren, damit du nichts überhörst."
Sedech blinzelte durch die gespreizten Finger und sah einen Schlagstock, wie ihn Viehtreiber benutzten, vor Ranefs Beinen baumeln.
Die Käfigtür wurde zugeschlagen, der Riegel vorgestoßen.
Zu früh atmete Sedech auf.
„Jetzt mach' ich Musik für dich", spottete Ranef, und

schon krachte der Stock auf den Verschlag, ein-, zwei-, dreimal dicht nacheinander. Der Käfig zitterte und dröhnte.
„Gefällt dir meine Musik, Knäblein?", höhnte Ranef. „Ist sie nicht lustig? Warum lachst du nicht, du miese Ratte?"
Wieder krachte es. Das Dröhnen drang durch Mark und Bein. Sedech nahm die Hände vom Gesicht und hielt sich die Ohren zu. Doch auch jetzt hörte er die Schläge. Er spürte sie, als ob sie seinen Körper träfen.
„Hör auf!", schrie er gequält.
Das Dröhnen blieb aus, der Käfig zitterte nicht mehr. Mühsam unterdrückte Sedech das Schluchzen.
Der Riegel wurde zurückgeschoben, die Käfigtür geöffnet. Draußen hockte Ranef. „Nun, Knäblein", spöttelte er. „Findest du mich immer noch lächerlich?"
Sedech schwieg.
„Der gnädige Pharao hat dich zur Arbeit an seiner Pyramide begnadigt", höhnte Ranef weiter. „Da er in das größte Grabmal einziehen möchte, das Menschen je errichtet haben, dürfte der Bau gut dreißig Jahre dauern. Die Arbeit ist mörderisch. Für dich, Knäblein, wird es keine Pause geben wie für die Bauern, die zur Saat- und Erntezeit nach Hause dürfen. Du wirst an der Pyramide zugrunde gehen. Dreißig Jahre Zwangsarbeit hat noch kein Mensch überstanden."
„Hör auf", murmelte Sedech, „lass mich in Ruhe."
Ranef spottete weiter: „Ab jetzt wirst du mir nicht länger im Wege sein. Senti gehört mir, hörst du? Du wirst ihr nicht länger den Kopf verdrehen!"
„Senti?", fragte Sedech. „Meinst du das Mädchen aus der vornehmen Schenke?"
„Stell dich nicht dumm!", zischte Ranef. „Ich weiß,

dass du ihr schöne Augen gemacht hast und sie für dich schwärmt!"

„Aber nein", widersprach der Junge. „Ich hab' noch nie mit ihr geredet. Sie gehört zu den Besseren und ich ..."

Ranef unterbrach ihn: „... zum Gesindel, und ..."

Auch er wurde unterbrochen. Durch die Luke stieg ein Krieger herunter.

Ranef stand auf. „Was willst du hier?", herrschte er den Mann an.

„Es ist Mittag", antwortete dieser. „Ich bringe Brot und Wasser für den Jungen."

„Wir sind auf keinem Vergnügungsschiff", brummte Ranef. „Der Lümmel ist kräftig. Bis Gizeh hält er durch. Verschwinde!"

„Zu Befehl", sagte der Krieger und stieg durch die Luke zurück.

Jetzt, da er von Wasser gehört hatte, spürte Sedech brennenden Durst. „He", krächzte er dem Krieger nach, „gib mir zu trinken!"

„Er hört dich nicht mehr", spottete Ranef. „Wenn du Durst hast, schluck deine Spucke. Davon hast du ja genug."

Die Käfigtür schlug zu, der Riegel quietschte.

„Gib mir Wasser!", keuchte Sedech.

Ranef antwortete nicht. Die Falltür in der Deckluke krachte zu.

„Seth soll dich in Stücke reißen", murmelte der Junge.

Zum Dunkel kam die Schwüle, der Durst quälte stärker. Sedech schloss die Augen und fiel in eine Art Dämmerzustand. „Wasser", murmelte er immer wieder. „Wasser ..."

Irgendwann spürte er, dass jemand nach ihm griff. Mühsam öffnete er die Augen.

Die Käfigtür stand offen, davor kniete ein Mann.
„Was ist?", fragte Sedech verwirrt.
„Sei leise", flüsterte der Mann vor der Tür. „Ich komme heimlich. Da ist ein Krug Wasser und da ein Fladenbrot. Iss und trink langsam, sonst wird dir übel."
Sedech griff nach dem Krug und trank wie ein Verdurstender. „Langsam, Junge, langsam", warnte der Mann. „Iss ein paar Bissen dazwischen."
„Wer bist du?", fragte Sedech mit vollem Mund.
„Einer der Bauern, die zur Arbeit an der Pyramide verpflichtet wurden", antwortete der Mann. „Die anderen haben mich zu dir geschickt. Der Krieger, der dir Wasser und Brot bringen wollte, erzählte uns, wie schlecht der Offizier dich behandelt. Du tust uns Leid."
Von oben warnten Klopfzeichen.
„Der Offizier ist in der Nähe", flüsterte der Bauer. „Falls er herunterkommt, schieb den Krug und den Brotrest in die Ecke und setz dich davor. Lass dich nicht unterkriegen." Er schloss die Tür und verriegelte sie.
Im Käfig war es wieder dunkel und schwül, doch für Sedech sah es nicht mehr so trostlos aus.
„Danke", sagte er leise.

Zwangsarbeit

Die Schenke des Vergessens wurde nicht wieder aufgebaut. Wozu auch? Wenn Pharao Cheops seine Residenz in die Nähe von Gizeh verlegt hatte, würde die Snofrustadt bald veröden.
Um ihre Nobelschenke brauchte sich Frau Scherit nicht zu sorgen. Auch in der neuen Residenz, nahe

dem Königspalast und dem Tempel des Ptah, sollte ein neues „Haus der Herrschaften“, gebaut werden.
Cheops drängte. Er wollte so schnell wie möglich „aus dem Schatten seines verewigten Vaters hinaus“, wie er sich ausdrückte.
Hemiu, der oberste Baumeister, trieb an. Unter dem Gebrüll und den Peitschenhieben der Aufseher bauten tausend libysche Sklaven „Achet Chufu“ auf. So sollte auf Befehl des Pharaos die neue Stadt heißen. Achet Chufu, „Horizont des Cheops“.
Zweihundert der tausend Sklaven brachen Steine aus Felswänden und zogen sie auf Lastschlitten über den Wüstensand zu den Bauplätzen. Der „Steinbruch für die Stadt“ war vom „Pyramidensteinbruch“ getrennt. In diesem wurden härtere und vor allem größere Blöcke aus dem Fels gebrochen. Die Pyramidensklaven sollten nicht merken, dass sie schlimmer behandelt wurden als die Libyer.
Mit den Arbeiten an dem gigantischen Grabmal, das die Snofrupyramide weit übertreffen sollte, begannen zunächst zweitausend nubische Sklaven und dreitausend freiwillige oder verpflichtete Bauern und Handwerker. Unter der Aufsicht der Bau- und Unterbaumeister, der königlichen Schreiber und Antreiber bereiteten sie den Felsboden über dem Nil für die Fundamente der Pyramide und des Totentempels vor. Zweihundertsiebenundzwanzig Meter im Quadrat betrug die Grundfläche des Grabmals. Sie wurde vermessen, abgetragen und eingeebnet. Die Pyramide musste auf sicherem Felsgrund stehen, der unter ihrem ungeheuren Gewicht nicht nachgab. Den Fels zu planieren erforderte Kraft. Dazu schmerzten Rücken und Knie, weil diese Arbeit nur gebückt und meist auch kniend

verrichtet wurde. Die Hämmer und Meißel nützten sich schneller ab als die Arbeiter.
Im Steinbruch wurden die ersten Quader aus dem Fels gebrochen und zurechtgeschlagen. Sie sollten zum Bauplatz gezogen werden, sobald die Fundamente fertig und die Anschlepprampen aufgeschüttet waren. Dann, hieß es, würde die Zahl der Sklaven, Freiwilligen und Verpflichteten auf zwanzigtausend und mehr erhöht.
Die Arbeit im Steinbruch war die härteste und gefährlichste. Deshalb segneten Priester des Ptah die Quaderbrecher besonders; allerdings nur die Handwerker und Bauern. Für Sklaven waren ägyptische Götter nicht zuständig.
Zu den Arbeitern im Steinbruch gehörte Sedech, der Stiefsohn des Dag. Ihn segneten die Priester auch nicht. Er galt nicht als ehrlicher Ägypter, sondern als Verbrecher; begnadigt zwar, doch verworfen.

Der zu lebenslanger Zwangsarbeit begnadigte Schankwirt Dag und der verurteilte Krieger Samut waren Sklaven wie die kriegsgefangenen Nubier und Libyer, mit denen sie sich in einer Mine des Pharaos abrackerten.
Die Kupfergruben lagen im westlichen Bergland der Halbinsel Sinai. Die niedrigen Stollen waren fünfzig bis sechzig Fuß tief in den Berg getrieben; so weit, wie das Tageslicht reichte. Die Sklaven arbeiteten nackt. Die Stollen waren so niedrig, dass keiner aufrecht stehen konnte.
Schwerbewaffnete Krieger bewachten die Sklaven und schützten die Bergwerke vor räuberischen Wüstenstämmen.
Sie, die Aufseher und die königlichen Schreiber, die die Arbeit überwachten und die geförderten Erzmen-

gen aufschrieben, wohnten in einem befestigten Gebäude auf der Berghöhe. Die weite Rundsicht ließ Angreifer rechtzeitig erkennen. An die starken Schutzmauern war noch kein Angreifer herangekommen.
Nachts schliefen die Sklaven vor den Stollen in Steinhütten, immer je vier zusammen. Dann trugen sie Fußketten. Rund um das Lager patrouillierten bewaffnete Wächter.
Wasser gab es in einer nahen Quelle und in zwei Zisternen der Bergfestung.
Dag und Samut lagen mit zwei Libyern in einer Hütte. Diese beobachteten Dag mit verstohlenem Mitleid; und eines Morgens sagte der eine: „In Libyen wird kein Einarmiger in ein Bergwerk verdammt."
„Ihr habt auch keinen gnädigen Pharao", brummte Samut. Wenn er und Dag sich unbelauscht glaubten, schmiedeten sie Fluchtpläne.

„Dein Mann und dein Sohn werden nicht lange Sklaven sein", hatte Scherit Dags Eheweib versprochen. „Hetepheres wird helfen, sobald sie kann."
Baket flehte zu den Göttern, die Königsmutter bald helfen zu lassen. Wenn sie sich vorstellte, wie Dag und Sedech zur Sklavenarbeit gepeitscht wurden, tat ihr das Herz weh.
Bei Scherit hatte sie es gut. Sie arbeitete als Köchin und braute auch den starken Trank, für den die Kneipe des Vergessens berühmt geworden war. Jetzt genossen ihn Vornehme und schwärmten davon. Sie lobten auch die neuen Leckerbissen, mit denen Baket die Nobelschenke bereicherte. Es waren einfache Gerichte, wie sie die Armen am Hafen aßen. Jetzt, da sie im Haus der Herrschaften serviert wurden, galten sie als vornehm.

Die reichen Gäste verzehrten sogar Nilfische, die sie bisher als Bettlermampf verabscheut hatten.
Die verkohlten Reste der Schenke des Vergessens vermoderten rasch.
Die Leute in der Hafensiedlung redeten noch eine Zeit lang über Dag, Sedech und Baket. Dann geschah anderes Aufregendes, und sie vergaßen die Schenke des Vergessens.
Der Pharao, sein Hofstaat, der Wesir, die Beamten und viele Handwerker würden bald in die neue Residenz übersiedeln, hieß es. Arme Leute dürften nicht mit, weil Cheops kein Gesindel in Achet Chufu haben wolle. Das seien infame Lügen, verkündeten königliche Ausrufer und bedrohten jeden, der sie verbreite, mit schweren Strafen.
„Wer droht, hat ein schlechtes Gewissen", unkte ein uralter Mann, der zwei Pharaonen überlebt hatte.
Wieder war Unruhe im Hafen. Sie breitete sich aus und verschreckte auch die Bauern am Nil, die Fischer und die Jäger, die im Papyrusdickicht Wildenten erlegten. Einer dieser Jäger schleuderte ein Wurfholz gegen einen Ausrufer. Er warf daneben, der Mann des Pharaos kam mit dem Schrecken davon. Dem Jäger verhalfen Freunde zur Flucht. Er verschwand spurlos.
Als Cheops davon hörte, sagte er zu seiner Gemahlin Meritites: „Der Geist meines Vaters Snofru vergällt mir hier das irdische Leben."
Sie riet ihm, schneller als geplant nach Achet Chufu zu übersiedeln. „In deiner eigenen Stadt hat Snofru keine Macht mehr über dich", sagte sie überzeugt.
Cheops sandte Boten an seinen Neffen Hemiu, den obersten Baumeister von Achet Chufu und der Pyramide. Er befahl ihm, die neue Hauptstadt in spätestens

einem Jahr fertig zu bauen. Wenn ja, versprach er den geliebten Neffen mit Bienenhonig aufwiegen zu lassen. Wenn nicht, drohte er mit dem Entzug der königlichen Gnade.
Hemiu befahl seine Baumeister, Schreiber und Aufseher zu sich und gab ihnen den Befehl des Pharaos bekannt.
Sie schüttelten die Köpfe, und der Oberschreiber sagte: „Erhabener Hemiu, unsere libyschen Sklaven sind die besten Arbeiter in ganz Ägypten, doch zaubern können sie nicht. Selbst die doppelte Zahl von Peitschenhieben würde kein Wunder wirken."
„Der Pharao verlangt kein Wunder, sondern schnellere Arbeit", antwortete Hemiu scharf. „Ich genehmige doppelte Essensrationen und einen Krug Bier täglich für jeden Sklaven. Das dürfte die Kerle beflügeln." Er hob die Stimme. „Nach einem Jahr steht die neue Residenz bezugsfertig! Wenn nicht, geht jeder siebte Sklave zu den Krokodilen, und ihr, meine Freunde, als Aufseher in die Wüste Sinai. Ich war noch nie dort, doch hörte ich, dass sie sehr ungesund sein soll."
„Gib uns mehr Sklaven, Erhabener", sagte Hemius Stellvertreter, der den Bau des Ptahtempels leitete.
Hemiu winkte ab. „Das ist nicht möglich. Von den Gütern des Pharaos, aus den Tempelgütern, den Bergwerken und von den Schmelzöfen darf ich keine Sklaven abziehen. Bis neuer Nachschub kommt, dauert es zu lange."
Ein Unterbaumeister meldete sich zu Wort. „Erhabener Hemiu", sagte er, „ich meine, dass die Pyramide nicht so sehr drängt wie die Residenz. Denke ich richtig, Erhabener?"
„Was soll die Frage?", brummte Hemiu. „Auch von

der Pyramidenbaustelle und aus den Steinbrüchen darf ich keine Sklaven abkommandieren. Auf Befehl des Pharaos bleibt jeder Sklave so lange dort, bis das Grabmal fertig ist."

„Erlaube mir weiterzusprechen, Erhabener", bat der Unterbaumeister. Hemiu nickte unwillig.

Der Unterbaumeister fuhr fort: „An der Pyramide arbeiten mehr Freiwillige als Sklaven. Wenn du einige von diesen Leuten zum Aufbau der Stadt befiehlst, würdest du keine Sklaven abziehen, und der Pharao könnte dir nicht zürnen."

Der Oberschreiber nickte beifällig. „Das ist Wortklauberei", sagte Hemiu. „Außerdem darf ich Männer, die sich freiwillig zum Pyramidenbau gemeldet haben, erst recht nicht zu Sklavenarbeiten in der Stadt zwingen."

„So ganz freiwillig sind nicht alle Freiwilligen gekommen", flüsterte ein Schreiber dem anderen zu.

Wieder meldete sich der Unterbaumeister zu Wort.

„Was denn noch?", brummte Hemiu ungnädig.

„Was dann, wenn sich Bauern und Handwerker freiwillig zur Arbeit an Achet Chufu meldeten?", gab der Unterbaumeister zu bedenken. „Ich schlage zweihundert Mann vor, die bis zum Beginn der Saatzeit hier arbeiten sollen. Wir erklären ihnen, dass sie keine Sklavendienste verrichten werden und dass sie dem Pharao einen Gefallen tun. Das ist nicht gelogen. Wir setzen sie zu leichteren Arbeiten als beim Pyramidenbau ein und versprechen ihnen auch bessere Verpflegung. Dann können wir zweihundert Sklaven zum Transport der Bausteine einsetzen und in drei Monaten schaffen, wozu wir sonst fünf brauchen würden. Mehr als zweihundert Freiwillige sind nicht nötig, sonst würden sich die Arbeiter gegenseitig behindern."

Hemius Stellvertreter befürwortete den Vorschlag. „In einem Jahr, erhabener Hemiu, wird dich der Pharao nicht nur mit Honig aufwiegen lassen, sondern dir auch eine goldene Kette um den Hals hängen", prophezeite er ernsthaft.
„Und die Arbeit am Grabmal?", wandte der Prinz ein.
„Ist noch lange nicht voll angelaufen", antwortete der Stellvertreter. „Wenn die Pyramidensklaven ein bisschen härter angetrieben werden, fällt das Fehlen der zweihundert Freiwilligen nicht auf."
Die anderen stimmten zu. Hemiu beauftragte seinen Stellvertreter, die zweihundert auszuwählen.
Der Stellvertreter verlor keine Zeit. Seine Schreiber warben unter den Pyramidenleuten und notierten die Namen derer, die sich zur Arbeit an Achet Chufu meldeten. Am dritten Tag waren es zweihundert.
Auch Sedech hatte sich gemeldet.
Doch da war der Offizier Ranef, der die Zwangsverpflichteten zur Pyramide gebracht hatte. Auf Befehl des Pharaos war er mit seinen Kriegern bei ihnen geblieben, um Aufbegehren im Keim zu ersticken. Sedechs Aufseher hatte er befohlen, den Jungen zu schwerster Arbeit einzusetzen. Falls dem nichtsnutzigen Bengel dabei etwas zustoße, sei es der Wille der Götter. Dazu hatte Ranef deutlich mit den Augen gezwinkert.
Der Aufseher hatte verstanden und Sedech im Steinbruch da eingesetzt, wo die härtesten Quader aus der Felswand gebrochen wurden: Blöcke von eineinhalb Metern Länge, Breite und Höhe, von denen jeder mehr wog als fünfunddreißig Männer zusammen. (Etwa zweieinhalb Tonnen, sagen wir heute.)
Die Baumeister zeichneten die Umrisse auf die Felswand, und Sklaven bohrten Löcher in die Linien.

Dann hämmerten sie Holzpflöcke in die Bohrlöcher und gossen Wasser darüber. Das Holz quoll auf und sprengte die Quader aus dem Fels. Sie dann aus der Wand zu lösen war härteste und gefährlichste Arbeit. Wer von einem stürzenden Steinblock erfasst wurde, hatte kaum noch Zeit, die Götter anzurufen.

Vor zwei Tagen hatte es einen Bauern getroffen, der mit Sedech gekommen war. Er war das erste Opfer für Cheops. Sedech hatte zugesehen, ohne helfen zu können. Er hatte tapfer sein wollen und fürchtete sich.

Das Angebot, in Achet Chufu zu arbeiten, kam ihm wie ein Fingerzeig der Himmlischen vor. Er meldete sich sofort. Der Schreiber Sesostris trug den Namen Sedech in seine Liste ein. Dies geschah am Tag vor Ranefs Rückkehr in die Snofrustadt.

Als Ranef erfuhr, dass Sedech in die Residenz abkommandiert werden sollte, eilte er zu dem Schreiber Sesostris. „Bist du verrückt geworden?!", fuhr er ihn an. „Wie kannst du es wagen, diesen Kerl aus dem Steinbruch zu nehmen!"

„Der Ton deiner Rede gefällt mir nicht", sagte Sesostris. „Ich bin königlicher Schreiber. Nur der Pharao, Prinz Hemiu und der Oberschreiber haben mir zu befehlen. In Hemius Namen erging der Aufruf an die Pyramidenleute, sich zur Mitarbeit an Achet Chufu zu melden."

Ranef stampfte mit dem Fuß auf. „Streich Sedech von deiner Liste!", knurrte er grob.

Sesostris schüttelte den Kopf. „Du hast mir nicht richtig zugehört", sagte er ungerührt. „Von einem Offizier nehme ich keine Befehle entgegen."

Ranef beherrschte sich mühsam. „Du wirst von mir hören!", drohte er und verließ die Schreibstube.

„Dieser Sedech scheint ein besonderer Mensch zu sein“, murmelte Sesostris vor sich hin. Da er sich für seltsame Leute interessierte und hochnäsige Offiziere nicht ausstehen konnte, beschloss er, sich mit Sedech zu unterhalten ...

Ranef nahm sich den Aufseher vor, dem der Junge jetzt noch unterstand. „Hast du ihn tatsächlich zu gefährlicher Arbeit eingesetzt?“, fragte er misstrauisch.

„Selbstverständlich“, versicherte der Antreiber. „Leider bekam er bisher nur ein paar Schrammen ab. Er hat Freunde unter den Bauern. Sie und die Götter beschützen ihn.“ „Unsinn!“, knurrte Ranef. „Hilf nach, bevor er in die Stadt kommt!“

Der Aufseher wiegte den Kopf. „Wenn ich den Zorn der Götter auf mich nehmen soll, wirst du mich dazu ermutigen müssen“, sagte er augenzwinkernd.

„Wie viel?“, brummte Ranef.

„Zwei Krüge von dem Wein, der am Hofe des Pharaos getrunken wird“, antwortete der Aufseher.

Ranef nickte. „Du sollst sie haben. Sorg dafür, dass es wie ein Unfall aussieht.“

Der Aufseher lachte. „Verlass dich auf mich.“

„Wann wirst du es tun?“, erkundigte sich der Offizier.

„Morgen Nachmittag“, versprach der Aufseher. „Da arbeiten die Schlitzohren, die sich in die Stadt gemeldet haben, zum letzten Mal im Steinbruch.“

„Bis morgen also“, sagte Ranef ...

Am nächsten Morgen, kurz vor Sonnenaufgang, verließen er und seine Mannschaft Achet Chufu.

Ranef war guter Laune. Er freute sich, Senti wiederzusehen, und malte sich die Zukunft mit ihr in den schönsten Farben aus. Er war überzeugt, dass sie ihn heiraten werde. Die Königsmutter Hetepheres hatte ihm ihre Unterstützung zugesagt, Sedech stand ihm nicht länger im Wege. Und welches heiratsfähige Mädchen trauerte schon einem tödlich Verunglückten lange nach!

Der Nordwind blies kräftig. Der Schiffsführer hatte das große Segel setzen lassen. Es blähte sich straff. Das Schiff segelte gegen die Strömung nach Süden.

Schon am frühen Abend fiel der Ankerstein im Hafen der Snofrustadt.

Ranef meldete sich beim Befehlshaber der Garde zurück. „Bauern und Sedech an Prinz Hemiu übergeben und einen Monat lang für Ruhe und Ordnung gesorgt", berichtete er militärisch knapp.

Der Vorgesetzte lobte ihn und gab ihm für den Rest des Tages und die kommende Nacht dienstfrei.

Ranef befreite sich in aller Eile von Reisestaub. Dann kleidete er sich in sein bestes Gewand und eilte in das Haus der Herrschaften.

Der Schankraum war voll besetzt.

Scherit kam auf Ranef zu und begrüßte ihn.

„Wo kann ich ungestört mit dir und Senti sprechen?", fragte er hastig. „Es ist sehr wichtig."

Scherit bat ihn in den Wohnraum, der wie das Gemach einer vornehmen Dame eingerichtet war. Kostbare Teppiche bedeckten den Fußboden, in kunstvoll gearbeiteten Kupferlampen brannten Öllichter.

Scherit rief nach ihrer Tochter. Ranef kniff die Daumen ein. Senti kam aus dem Nebenraum.

„Sei gegrüßt", sagte Ranef.

„Sei gegrüßt", sagte sie. „Wie geht es Sedech?"

„Auf dem Schiff sorgte ich für ihn, so gut ich konnte", log Ranef mürrisch. „Doch um von ihm zu reden, bin ich nicht gekommen."

„Weswegen sonst?", fragte Scherit. „Entschuldige, dass ich dich nicht zum Sitzen auffordere. Du hast gesehen, dass ich mich um viele Gäste kümmern muss."
„Erzähl von Sedech", drängte Senti.
Der Ton verletzte. Ranef fühlte sich gekränkt. „Ich bin Offizier des Pharaos", sagte er schroff. „In kurzer Zeit werde ich zum Hauptmann befördert!"
„Na und?", fragte Senti.
Das war zu viel. „Du solltest froh sein, dass ich um dich werbe!", herrschte er das Mädchen an. „Falls du es noch immer nicht gemerkt haben solltest: Ich verehre dich nämlich!" Dann war der Zorn verraucht, und Ranef entschuldigte sich. „Verzeih, Senti. Ich wäre glücklich, wenn du ..."
Sie fiel ihm ins Wort: „Schon gut, Ranef. Ich mag dich als unseren Gast. Du bist recht nett, wenn du dich nicht aufregst. Und jetzt bin ich ganz ehrlich zu dir: Sedech gefällt mir besser als du."
Da war der Zorn wieder. Ranef brauste auf. „Sedech, sagst du? Auf den brauchst du nicht zu warten. Der ist tot!" Er ballte die Fäuste. „Tot, hörst du?! – Tot! Tot! Tot!"
Ein markerschütternder Schrei ließ Scherit, Senti und Ranef herumfahren. Sie starrten zur Tür. Dort stand Baket, presste die Hände auf die Brust und drohte umzusinken. Sie war gekommen, um die Wirtin nach Küchenanweisungen für morgen zu fragen, und hatte Ranefs Worte gehört.
Scherit und Senti eilten zu ihr und stützten sie.
Da fiel die Schwäche von ihr. Baket riss sich los, schüttelte die Fäuste gegen den Offizier und schrie: „Du Mörder! Du von allen Göttern verdammter Mörder!"
Scherit und Senti hielten sie zurück.

„Ich doch nicht!", rief Ranef. „Ein Quader im Steinbruch!" „Mörder!", schrie Baket noch einmal.
Die Frauen und das Mädchen starrten ihn an, dass es ihm kalt über den Rücken lief. „Es war ein Quader", murmelte er tonlos. „Ein Quader im Steinbruch."
„Er lügt, Baket", sagte Senti.
„Ein Quader, verdammt noch mal!", zischte Ranef. Dann lief er zur Tür, stieß Baket beiseite und eilte ins Freie. Dort riss er sich das Amulett, das liebenswert machen sollte, vom Hals und zertrat es.

Sesostris

Der Schreiber Sesostris, der Sedech auf die Liste der Stadtarbeiter gesetzt hatte, war zweiundvierzig Jahre alt. Allen, die ihn kannten, galt er als gerecht. In siebzehn Tagen, wenn sich der bisherige Oberschreiber zur Ruhe setzte, würde er, Sesostris, in dessen Amt aufrücken. Er schrieb die heiligen Zeichen der Priester und die Gebrauchsschrift der Beamten und Händler schön und deutlich wie kaum ein anderer.
Was er sprach, war wohlüberlegt. Das leere Geschwätz der Vornehmtuer verabscheute er. Für Außergewöhnliches und Seltsames hatte er offene Augen und Ohren. Außergewöhnlich schien ihm der Junge Sedech zu sein; seltsam, was er über ihn gehört hatte.
Ranefs Zorn war ihm verdächtig erschienen. Kurz nachdem der Offizier abgesegelt war, befahl Sesostris seinem Diener, den Zwangsarbeiter Sedech in die Schreibstube zu holen.
An Stelle des Jungen kam dessen Aufseher. „Sedech ist unabkömmlich", erklärte er. „Ich habe ihn zu Arbei-

ten eingeteilt, die nur er bewältigen kann. Dafür bin ich Prinz Hemiu verantwortlich."
„Prinz Hemiu?", wiederholte Sesostris spöttisch.
„Wem sonst?", brummte der Aufseher. „Willst du mich verhören?"
Der Schreiber wehrte ab. „Aber nein, Verehrtester, das steht mir nicht zu. Ich rate dir lediglich, Prinz Hemiu nicht mit dem unbedeutenden Ranef zu verwechseln. Das würde dir der erhabene Prinz sehr übel nehmen."
Der Aufseher erschrak. „Wie – meinst du das?", stammelte er verwirrt.
„Du verstehst mich sehr gut", erwiderte Sesostris. „Nicht Prinz Hemiu, sondern Ranef gab dir den Auftrag, den Jungen Sedech umkommen zu lassen. Was bezahlt er dir dafür?"
„Wo-woher weißt du das?", stotterte der Antreiber.
„Ich wusste es nicht", gestand Sesostris. „Ich reimte es mir nur zusammen. Dass ich richtig denke, hast du mir soeben bestätigt. Was würdest du für den – Unfall bekommen?"
„Was denkst du von mir?", begehrte der andere auf.
Da war Sesostris nicht mehr freundlich. „In wenigen Tagen werde ich hier der Oberschreiber sein", sagte er drohend, „die Schreibhand des erhabenen Hemiu. Dann genügt ein Wort von mir, um einen gekauften Mörder wie dich zu den Krokodilen zu schicken!"
„Ich – bin ein Ehrenmann", protestierte der Aufseher.
„Gold oder Wein?", fragte der Schreiber.
„Wein", gestand der andere. „Zwei Krüge – vom besten."
„Ich biete dir noch Besseres, wenn du Ranefs Auftrag vergisst", sagte Sesostris.
Der Aufseher nickte. „Einverstanden. Ich bin ein ar-

mer Mann und muss eine Frau und sieben Kinder ernähren. Was bietest du mir, Verehrungswürdiger?"

„Wollen wir ehrlich zueinander sein?", fragte der Schreiber dagegen.

„Selbstverständlich", stimmte der Aufseher zu.

„Dann gesteh, dass du keine sieben Kinder ernähren musst", sagte Sesostris.

„Nun ja", gab der Aufseher zu, „es sind nur sechs."

„Ts, ts, ts", spöttelte der Schreiber.

„Fünf", gestand der Aufseher. „Um ganz ehrlich zu sein – vier, – nein, – drei."

„Keines", behauptete Sesostris. „Und eine Frau hast du auch nicht."

„Du – du wirst mir unheimlich", stotterte der Aufseher. „Aber – eine Frau werde ich bald haben. Sie heißt Nefer. Wir sind einander versprochen. Mit Ranefs Wein wollte ich Freunde bewirten, die zu unserer Hochzeit kommen. – Bietest du mehr als zwei Krüge vom besten?"

„Viel mehr", sagte Sesostris. „Ich biete dir die Gewissheit, ein anständiger Mensch zu sein. Der Weinrausch verfliegt, das gute Gewissen bleibt. Außerdem behältst du dein für dich wertvolles Leben, wofür die Krokodile zu bedauern sind. Solltest du dich ihnen gönnen, brauchst du nur meinen Vorschlag abzulehnen. Wenn nicht, schick mir den Jungen."

„Und was soll ich Ranef melden?", fragte der Aufseher. „Wenn er erfährt, dass ich mein Versprechen nicht gehalten habe, geht er nicht nur Sedech, sondern auch mir ans Leben. Einen anderen Helfer findet er bestimmt."

„Melde ihm, dass es den Zwangsarbeiter Sedech nicht mehr gibt", antwortete der Schreiber.

Der Antreiber sah ihn groß an. „Das verstehe ich nicht", murmelte er unsicher.

„Je weniger du begreifst, desto besser ist es für dich“, sagte Sesostris. „Jetzt schick mir den Jungen.“
Der Aufseher entfernte sich kopfschüttelnd. Unterwegs hellte sich seine Miene auf. „Wenn ich Ranef mitteile, dass es den Zwangsarbeiter Sedech nicht mehr gibt, bekomm' ich ja den Wein“, redete er zu sich selbst. „Und ein gutes Gewissen hab' ich dazu. Ich melde, was mir Sesostris befohlen hat. Wenn es nicht stimmt, ist es nicht meine, sondern seine Lüge.“
Er schnippte mit den Fingern und pfiff vor sich hin.

Ein bewaffneter Wächter brachte Sedech zu Sesostris. Solange das Haus für die amtlichen Schreiber nicht fertig gestellt war, wohnte dieser mit drei Kollegen zusammen in einem Behelfsbau in der Nähe der Tempelbaustelle.
Der Bewaffnete führte den Jungen in den Arbeitsraum, ein niedriges Gemach mit zwei Fensteröffnungen. Es roch nach Moder. Manche der eilig hergestellten Nilschlammziegel waren beim Hausbau nicht ganz trocken gewesen.
Provisorisch war auch die spärliche Einrichtung. Ein Teil des Bodens war mit einer Binsenmatte bedeckt. Darauf standen ein mit Gazellenfell bezogener Hocker, ein niedriges Schreibpult und eine Truhe.
Auf dem Hocker saß Sesostris, auf dem Pult standen Tuschefässchen. Sie enthielten die aus Ruß und einer Gummilösung gemischte Schreibflüssigkeit. Daneben lagen Rohrfedern.
„Der Zwangsarbeiter Sedech“, meldete der Wächter dem Schreiber.
„Danke“, sagte dieser. „Du darfst gehen.“ Er tauchte eine Feder ein, streifte sie am Rand des Tuschefäss-

chens ab und schrieb auf einen Papyrus. Dabei musterte er den Jungen verstohlen.
Sedech tat, als merkte er es nicht. Der Schreiber belauert mich, dachte er.
„Jetzt reicht es", sagte Sesostris unvermittelt. „Ich denke, wir haben einander genug gemustert."
„Was befiehlst du?", fragte Sedech.
„Dass du mir ehrlich antwortest", sagte der Schreiber.
Sedech nickte. „Ich werde nicht lügen."

Sesostris deutete auf die Matte. „Nimm Platz."
Sedech setzte sich mit gekreuzten Beinen.
Sesostris forderte ihn auf, seine Geschichte zu erzählen.
Der Junge zögerte, doch der Schreiber beruhigte ihn. „Du brauchst keine Bedenken zu haben", sagte er freundlich. „Ich will dich nicht zu deinem Schaden aushorchen. Um es dir leichter zu machen, verrate ich dir, dass ich den Offizier Ranef genauso wenig ausstehen kann wie du."
Eine Falle! schoss es Sedech durch den Kopf. Er stellte sich überrascht. „Wie kommst du darauf, Herr, dass ich Ranef – nicht mag?"
„Jetzt bist du unaufrichtig, und ich müsste dir böse sein", sagte der Schreiber unwillig. „Ich meine es wirklich gut mit dir, das glaub mir gefälligst."
„Wie du befiehlst", antwortete Sedech.
„Denkst du, dass ich dich aus dem Steinbruch geholt hätte, um dich zu verderben?", fuhr Sesostris den Jungen an. „Verderben wollen dich andere! Jetzt erzähl mir deine Geschichte, oder lass dich im Steinbruch umbringen, wie Ranef es will!"
„Umbringen?", stieg Sedech hervor.
„Umbringen", bestätigte Sesostris. „Und jetzt mach den Mund auf!"
Sedech atmete tief. „Mach den Mund auf", hatte der Schreiber gesagt, nicht „Machs Maul auf!", wie die Antreiber im Steinbruch brüllten. Bei denen hatten Sklaven und Zwangsarbeiter keinen Mund. „Halts Maul!", schrien sie und „Ich hau' dir eine aufs Maul!" und „Ich stopf' dir das Maul!".
Mäuler hatten Esel und Schweine. Sie galten als unrein.

Sesostris hatte „Mund“ gesagt und damit Sedechs Vertrauen gewonnen.
Der Junge erzählte von seinem Vater, der als Steinmetz beim Bau der Snofrupyramide umgekommen war, und von seinem Stiefvater Dag, der in Snofrus Krieg das rechte Auge und den linken Arm verloren hatte. Er gestand, dass es sein Wunsch gewesen war, ein Künstler zu werden. Er schwor, dass Dag mit dem Raub am Grab von Snofrus Mutter nichts zu tun hatte und unschuldig zur Sklavenarbeit verurteilt war. Er gestand, den Offizier Ranef im Zorn angespuckt und lächerlich genannt zu haben. Und er versicherte, dass dessen Eifersucht völlig grundlos sei. Er, Sedech, kenne Senti nur vom Sehen her, habe sie jedoch nie besonders beachtet.
Von den sechs Männern, mit denen sich Dag gegen die Reichen verbündet hatte, erzählte er nichts. Er erinnerte sich an die Warnung seines Stiefvaters: „Wenn dir dein und mein Leben lieb sind, darfst du zu niemandem davon reden.“
Sesostris hatte zugehört, ohne Zwischenfragen zu stellen. Jetzt erkundigte er sich, ob Sedech eine Schule besucht habe.
„Ich hatte dreimal in der Woche mit anderen Jungen zusammen Lese- und Schreibunterricht“, erzählte Sedech. „Wir schrieben auf Kalksteintäfelchen, weil Papyrus für Schüler zu kostbar ist.“
„Hast du Schläge bekommen?“, erkundigte sich Sesostris.
„Nein“, gestand Sedech verlegen. „Schläge bekamen die anderen. Mich lobte der Schreiber, weil ich schnell begriff. Das sagte er mir und ließ mich einmal sogar auf Papyrus schreiben.“

Sesostris nahm ein Steintäfelchen und einen Kupferstift aus der Truhe und reichte sie dem Jungen.
„Soll ich – schreiben?", stotterte Sedech. „Im Steinbruch – sind meine Finger – ungelenkig geworden, und – viel habe ich auch noch nicht gelernt. Die Zeit war zu kurz. Ich weiß, dass Schreiber drei, vier und noch mehr Jahre in Tempelschulen üben müssen, bevor sie die heiligen Zeichen der Priester und die Schrift der Beamten und Händler beherrschen."
„Wenn ich mit deiner Schriftprobe zufrieden bin, werde ich dich unterrichten", sagte Sesostris. „Und wenn du so gut bist, wie dich dein Lehrer gerühmt hat, werde ich dich bei mir behalten. Dann wirst du nicht mehr der Zwangsarbeiter Sedech sein, sondern zuerst der Schüler, dann der persönliche Schreiber des Oberschreibers Sesostris."
Sedech schluckte. „Warum – warum willst du das – für mich tun, Herr?", stammelte er fassungslos.
„Magst du hochnäsige Kommandierende?", fragte der Schreiber dagegen.
Sedech dachte an Ranef. „Nein!", stieß er hervor.
„Ich auch nicht", sagte Sesostris. „Und jetzt schreib."
Der Griffel und die Schreibtafel zitterten in Sedechs Händen; nicht weil er sich vor der Prüfung fürchtete, sondern weil ihm die Zukunft, die ihm Sesostris angedeutet hatte, wie ein Wunder erschien. Er, der Zwangsarbeiter Sedech, sollte Schreiber werden! Einer jener mächtigen Männer, die „Säulen des Pharaonenreiches" genannt wurden! Schweiß trat ihm auf die Stirn.
„Beruhige dich", sagte Sesostris freundlich. „Schreib jetzt die Namen des Gottes Osiris und der Göttin Isis in heiligen Zeichen. Sie gehören zu den ersten, die Schüler schreiben lernen."

„Osiris“ und „Isis“ hatte Sedech oft genug geschrieben. Der Griffel kratzte nur kurze Zeit.
„Und jetzt irgend etwas in der Schrift der Beamten und Händler“, befahl Sesostris.
Sedech schrieb.
Sesostris nahm ihm das Täfelchen ab, warf einen Blick darauf und sagte: „Osiris und Isis sind in Ordnung. Was die zweite Schriftprobe betrifft, danke ich für dein Kompliment. Sie ist trotz deiner beschädigten Finger genauso gefällig geschrieben wie die Götternamen. Du wolltest ‚Ich danke dem ehrenwerten Sesostris‘ schreiben und hast ‚Sesoptris‘ geschrieben.“
„Verzeihung“, murmelte Sedech. Die freundliche Korrektur traf ihn wie eine Züchtigung.
Sesostris lächelte. „Das ist nicht weiter schlimm. Niemand schreibt ohne Fehler. Ich bin zufrieden mit dir. Ab heute bist du kein Zwangsarbeiter mehr, sondern der Schüler des Schreibers Sesostris. In wenigen Tagen wirst du der Schüler des Oberschreibers Sesostris sein.“ Er klatschte in die Hände.
Ein Sklave trat ein und verneigte sich.
„Bring meinen Schüler Sedech in die Kammer nebenan und richte sie ihm ein“, befahl Sesostris. Und zu Sedech sagte er: „Du musst dich mit einer Schlafmatte und einem Schreibpult zufrieden geben. Ich hause auch nicht viel besser. Wenn die neue Residenz fertig steht, werden wir bequemer wohnen.“
Sedech musste dreimal schlucken, bevor er „Danke, Herr“ sagen konnte. „Ich weiß nicht, wie ich dir danken soll.“
Sesostris winkte ab. „Schon gut. Morgen geht es an die Arbeit. Wir beginnen bei Sonnenaufgang.“
„Komm, junger Herr“, sagte der Sklave zu Sedech.

Der Bote

Am Abend des nächsten Tages kam ein Bote aus Achet Chufu in die Snofrustadt. Er war gut gekleidet und erregte Aufsehen, weil er auf einem Esel ritt. Esel waren Lasttiere und galten als unrein. Ägypter, die sich ihrer Würde bewusst waren, setzten sich auf keinen Eselsrücken.
Der Mann aus dem Norden zügelte seinen Grauen vor einer Gruppe alter Männer und fragte sie nach dem Gardeoffizier Ranef.
„Warum willst du zu Ranef?“, spottete ein Alter. „Warum nicht gleich zum Pharao? Ein Erhabener wie du, der auf einem Esel reitet, gibt sich doch nicht mit der Garde zufrieden.“
Die anderen lachten schallend.
Den Esel schien das Gelächter anzuregen. Er stöhnte „I-aaah!“ und erleichterte sich nach rückwärts.
Die Alten schlugen sich vor Vergnügen auf die Schenkel und schrien „I-aaah!“ wie das Grautier.
Der Fremde reckte sich im Tragsattel auf. „Ich verstehe eure Heiterkeit!“, rief er in das Gelächter. „Wenn ich so kindisch wäre wie ihr, würde ich auch lachen.“
„Oho!“, protestierte der Älteste. Das Gelächter erstarb, die Stimmung schlug um. Einige Männer ballten die Fäuste.
„Hört mich an bevor ihr euch weiter blamiert“, sagte der Mann auf dem Esel. „Ich überbringe dem Offizier eine wichtige Botschaft. Laut Befehl muss ich sie noch heute Abend bestellen. Ein Nilboot erreichte ich nicht mehr, und zu Fuß hätte ich es nicht geschafft. Mein Esel schaffte es, wie ihr seht. Nun weist mir den Weg zu Ranef, oder sein Zorn und der des Pharaos werden euch treffen!“

„Da kommt er", sagte einer der Alten." Er ist am Hafen gewesen."
Ranef kam allein. Er war schlechter Laune und brummte vor sich hin.
Der Bote stieg ab und grüßte.
„Was willst du?", fragte Ranef ungnädig. Er blieb nicht stehen. Der Bote ging neben ihm und zog den Esel am Zügel nach. „Gruß von meinem Freund, dem Aufseher im Steinbruch bei Gizeh", sagte er. „Ich soll dir melden, dass es den Zwangsarbeiter Sedech nicht mehr gibt."
Ranef packte ihn an den Schultern und schüttelte ihn. „Sag das noch einmal!", befahl er aufgeregt.
„Im Auftrag meines Freundes soll ich dir melden, dass es den Zwangsarbeiter Sedech nicht mehr gibt", wiederholte der Bote.
„Wie kam er um?", fragte Ranef heiser. Der Bote zuckte die Achseln. „Das weiß ich nicht. Ich soll dir nur melden, dass es den Zwangsarbeiter Sedech ..."
Ranef unterbrach ihn. „Schon gut." Seine schlechte Laune war wie weggeblasen.
Der Bote griff sich an die Stirn. „Beinahe hätte ich doch etwas vergessen!"
„Ich höre", sagte Ranef.
„Mein Freund, der Aufseher im Steinbruch bei Gizeh, bittet dich, mir zwei Krüge Wein mitzugeben", fuhr der Bote fort. „Mein Freund sagt, dass du weißt, welchen Wein er meint. Am Tragsattel meines Esels hängen zwei Taschen für die Krüge."
Ranef nickte. „In Ordnung. Komm mit." Er brachte den Boten in das Haus eines befreundeten Töpfers. Dieser besaß einen Esel, der die Waren des Meisters über Land trug. Der Stall bot noch Platz für den Grauen des Gastes.

Der Töpfer begrüßte den Fremden freundlich und befahl seinem Gehilfen, den Esel des Gastes zu versorgen.
„Nach einem halben Wassermaß hole ich dich ab", sagte Ranef zu dem Boten. „Wasch dich anständig, wir werden im Haus der Herrschaften speisen. Beeil dich." Er wandte sich an den Töpfer. „Was du für deine Gastfreundschaft verlangst, bezahle ich morgen." Er grüßte und ging.
„Möchtest du dich allein oder mit Hilfe meines Haussklaven säubern?", fragte der Töpfer den Gast. „Ich empfehle ihn dir sehr. Er knetet deinen müden Leib, dass du dich um ein halbes Menschenalter verjüngt fühlen wirst."
„Ich möchte mich waschen und sauber kleiden, sonst nichts", erklärte der Bote.
„Wie du willst", brummte der Töpfer enttäuscht. „Du wirst jedoch verstehen, dass ich dem Offizier einiges berechnen muss, was mir durch deine Bescheidenheit entgeht."
Der Bote schmunzelte. „Selbstverständlich. Ich verstehe mich auf mein Geschäft genauso gut wie du dich auf deines. Berechne dem Offizier, so viel du ihm anschwindeln kannst. Den Überschuss teilen wir brüderlich."
„Halunke!", knurrte der Töpfer.
„Gauner", spottete der Gast.
Dann schlugen sie einander auf die Schultern und lachten wie zwei Spitzbuben, die sich über einen Dummen lustig machen ...
Zur vereinbarten Zeit holte Ranef den Boten ab. „Ich hoffe, dass du dich unter vornehmen Leuten zu benehmen weißt", sagte er streng.
„Aber ja", versicherte der Mann aus Gizeh.

Zwei Betrunkene schwankten ihnen entgegen, ein älterer und ein junger Mann. Sie hielten einander untergehakt und sangen das Lied vom Nilfisch, der ein Krokodil verschlungen hatte:

„Doch nicht das Kroko-Krokodil
verschlang den fetten Fisch vom Nil!"

schmetterten sie aus vollen Kehlen.

„Nein, nein! Der fette Fisch vom Nil
verschlang das Kroko-Krokodil!"

„Der Kleidung nach Vornehme", meinte der Bote. „Fein benehmen sie sich nicht."

„Vater und Sohn", sagte Ranef. „Sie gehören zu einer der reichsten Familien. Sie haben wieder einmal zu viel vom Trank des Vergessens genossen, der seit einiger Zeit im Haus der Herrschaften ausgeschenkt wird. Er verwischt die Unterschiede zwischen Arm und Reich." Er grüßte die Sänger sehr höflich.

Sie beachteten ihn nicht und sangen weiter:

„Nun ruht das Kroko-Krokodil
im Bauch des fetten Fischs vom Nil!
Im Bauch des fetten Fischs vom Nil
ruht nun das Kroko-Krokodil!
Das arme, arme Krokodil!
Hu-huu! Hu-huuu!! Hu-huuuuu!!!"

Sie schluchzten herzzerreißend und verschwanden hinter der Mauer eines Palastgartens.

„Du wirst der Wirtin und ihrer Tochter die Meldung wiederholen, mit der dich dein Freund zu mir geschickt hat", befahl Ranef dem Boten.

„Wie du befiehlst", sagte dieser.

Je näher sie der Nobelschenke kamen, desto deutlicher wurden laute Stimmen. Sie hörten sich kaum anders an als Lärm aus einer Hafenkneipe.

Im Schankraum waren nur noch wenige Plätze frei. Ranef und sein Gast drängten sich zur Theke durch. Frau Scherit schien über den Besuch nicht erfreut zu sein. „Wein oder Vergessenstrank?", fragte sie knapp.
„Ich muss noch einmal mit dir und Senti sprechen", sagte Ranef. „Es ist wichtig."
„Ich wüsste nicht, was es nach unserer letzten Begegnung noch zu besprechen gäbe", erwiderte Scherit.
Ranef wies auf den Boten. „Dieser Mann kommt aus Achet Chufu. Er weiß über Sedech Bescheid."
„So ist es", bestätigte der Bote.
„Außerdem möchte ich zwei Krüge deines besten Weines einhandeln", fuhr Ranef fort.
Scherit führte ihn und den Boten in die Wohnung, in der Ranef erst vor kurzem gewesen war.
Senti musste geweckt werden. Sie erschien ungnädig. „Möchtest du jetzt zugeben, dass du uns Sedechs Tod nur vorgeschwindelt hast, Ranef?", fragte sie.
„Ich war unhöflich", entschuldigte er sich. „Aber nur, weil ich dich lieb habe. Als ich von Sedechs Tod sprach, wusste ich tatsächlich nicht, ob er umgekommen war. Jetzt weiß ich Bescheid und hoffe wieder." Er nickte dem Mann aus Gizeh zu. „Sag den Damen, wer du bist, und wiederhole, was du mir gemeldet hast."
Der Bote verneigte sich und sagte: „Ich bin ein Freund des Aufsehers, dessen Befehl Sedech gehorchen musste."
„Wieso musste?", fragte Scherit. „Er muss nicht mehr gehorchen, Mutter!", rief Senti aufgeregt. „Er ist frei!", sie klatschte in die Hände. „Sedech ist frei!"
Der Bote senkte den Kopf.
„Weiter!", befahl Ranef.
Der Bote sprach stockend, er sah die Damen nicht an.

„Im Auftrag meines Freundes melde ich, dass es den Zwangsarbeiter Sedech – nicht mehr gibt."
„Jetzt ist sein Tod gewiss", erklärte Ranef.
Senti schrie auf: „Nein! – Nein, nein, nein!!"
Ranef griff nach ihrer Hand. „Ich werde Geduld mit dir haben", sagte er mühsam. „Und du, Senti, denk daran, dass ein Toter kein Gefährte fürs Leben ist."
Sie schüttelte ihn ab, spuckte auf den Fußboden und lief hinaus.
Ranef ballte die Fäuste.
„Zuneigung lässt sich nicht erzwingen", sagte Scherit.
„Deine Tochter zieht den Sohn einer Sklavin einem Offizier des Pharaos vor!", begehrte Ranef auf. „Findest du das in Ordnung?"
Scherit widersprach: „Baket ist keine Sklavin, und Sedechs wegen hättest du nie verrückt spielen müssen. Senti hat ihn nett gefunden und für ihn geschwärmt. Ihr einen Schwarm ausreden zu wollen bewirkt das Gegenteil. Ohne Protest verfliegt er von selbst. So war es bisher immer. Mit deiner Eifersucht hast du ihren Trotz geweckt."
„Ach was!", brummte Ranef. „Jetzt lebt er nicht mehr."
„War es ein Quaderstein?", fragte Scherit den Boten.
Dieser fühlte sich nicht wohl bei dem Gespräch, das er mithören musste. „Ich – ich weiß es nicht", antwortete er zögernd. „Mein Freund, der Aufseher, sagte mir nur: ‚Melde dem Offizier Ranef, dass es den Zwangsarbeiter Sedech nicht mehr gibt.' Das war alles."
„Geh in die Schenke und lass dir eine Mahlzeit geben", sagte Ranef mürrisch. Der Bote ging.
„Du bleibst, Ranef?", fragte Scherit.
„Ich möchte dir allein noch etwas sagen", antwortete er. „Senti hat vor mir ausgespuckt, das tut weh. Ich

verehre sie trotzdem und hoffe, dass sie sich doch noch anders besinnt. Ich verspreche dir, sie als meine Frau in Ehren zu halten, solang ich lebe. Dich bitte ich, bei ihr ein gutes Wort für mich einzulegen."

Scherit antwortete nicht darauf. „Du hast von zwei Krügen meines besten Weins gesprochen", sagte sie geschäftsmäßig.

Ranef unterdrückte seine Enttäuschung. „Der Bote aus Gizeh wird sie morgen abholen", erklärte er beherrscht. „Lass sie bis Sonnenaufgang bereitstellen." Er legte zwei Goldplättchen auf den Tisch. „Die dürften wohl reichen."

„Soll der Bote den Wein seinem Freund bringen?", erkundigte sich Scherit. „Dem Aufseher, der dir mitteilen ließ, dass es den Zwangsarbeiter Sedech nicht mehr gebe?"

„Warum fragst du das?", murmelte Ranef.

Scherit merkte ihm das Unbehagen an. „Als du das erste Mal von Sedechs Tod sprachst, nannte dich Baket einen Mörder", sagte sie ruhig. „Jetzt weiß ich, dass sie Recht hat. Der Wein ist die Belohnung für den Mord, den der Aufseher in deinem Auftrag an Sedech beging."

„Du behauptest Ungeheuerliches!", begehrte Ranef auf. Er hob die Hand und rief: „Wenn ich je befohlen hätte, den Jungen zu töten, soll der Wein, den der Bote nach Achet Chufu bringt, zu fauligem Wasser verderben!"

„Nimm dein Gold zurück", sagte Scherit. „Gib es mir erst, wenn der Wein in Achet Chufu genauso köstlich schmeckt wie im Haus der Herrschaften. Dann …" Sie zögerte.

„Was dann?", fragte Ranef.

„Dann würde ich mich bei dir entschuldigen", antwortete Scherit. „Jetzt solltest du dem Boten Gesellschaft leisten." „Mir ist der Appetit vergangen", murmelte Ranef verärgert. „Bis morgen also." Er ging in die Schenke, beglich die Zeche des Boten und verließ mit ihm das Haus der Herrschaften …

Am nächsten Morgen kamen die beiden zum Hintereingang der Nobelschenke. Der Bote führte seinen Esel am Zügel.

Sie wurden erwartet. Vor der Tür standen zwei Sklaven mit je einem dickbauchigen Weinkrug, hinter ihnen die Wirtin und ihre Tochter.

„Die Krüge sind versiegelt", sagte Scherit. „Soll ich sie öffnen lassen, Ranef, damit du dich überzeugen kannst?"

Er winkte ab. „Nicht nötig." Dann befahl er den Sklaven, die Krüge auf den Esel zu laden.

„Steckt sie links und rechts vom Sattel in die Tragtaschen", sagte der Bote. Das war schnell geschehen.

Senti trat zu Ranef. Er lächelte. „Hast du dich besonnen?", fragte er leise. „Schwöre mir bei dem schrecklichen Seth, dass Sedech tödlich verunglückt ist", sagte sie. Ihre Stimme zitterte.

„Den Zwangsarbeiter Sedech gibt es nicht mehr", brummte Ranef. „Wie oft soll ich es noch wiederholen? Der Bote brachte die Nachricht. Das kann ich beschwören."

Senti sah zu dem Mann aus Gizeh hinüber. Er zurrte die Satteltaschen mit den Weinkrügen fest. Als er Sentis Blick bemerkte, schüttelte er kaum merklich den Kopf. Als sich Ranef nach ihm umwandte, nestelte er hastig an den Taschen herum.

„Bist du fertig?", fragte Ranef barsch.

„Fertig, Herr", antwortete der Bote.

Die beiden verabschiedeten sich mit kurzem Gruß. Der Bote blinzelte Senti verstohlen zu. Sie dankte ihm mit leichtem Kopfnicken.
Ranef ging in den königlichen Palast.
Der Mann aus Gizeh zog seinen Esel auf die Straße, die am Nilufer entlang nach Norden führte. Als er die Snofrustadt verlassen hatte, stieg er in den Sattel und ließ die Beine vor den Weinkrügen baumeln. Dazu pfiff er vor sich hin. Er hatte gut gegessen und getrunken. Der Offizier hatte nicht nur die Zeche in der Nobelschenke beglichen, sondern auch Unterkunft und Verpflegung im Hause des Töpfers. Dieser hatte viel mehr berechnet, als ihm zustand, und die Hälfte des erschwindelten Gewinns dem Gast gegeben. Und Ranef hatte sich am Botenlohn nicht lumpen lassen.
Der Esel zockelte gemütlich dahin. Sein Herr trieb ihn nicht an. Er genoss den schönen Morgen …
Senti glaubte, den Mann aus Gizeh richtig verstanden zu haben. Zu Ranefs Behauptung, dass es Sedech nicht mehr gebe, hatte er verstohlen den Kopf geschüttelt. Und zum Abschied hatte er ihr aufmunternd zugeblinzelt!
Das erzählte Senti ihrer Mutter, als sie allein waren.
„Glaubst du, dass Sedech lebt?“, fragte sie aufgeregt.
„Ich hoffe es“, antwortete Scherit.
„Auf dem nächsten Schiff, das nach Achet Chufu fährt, fahr' ich mit“, sagte Senti. „Ich muss mich überzeugen, und wenn Sedech lebt, dann …“ Sie legte die Stirn in Falten und dachte nach.
„Dann?“, fragte die Mutter.
Senti schnippte mit den Fingern. „Dann sag' ich ihm, dass ich ihn mag.“
„Wie willst du ihn finden – falls er lebt?“, fragte Scherit.
Senti schmunzelte. „Ich hab' jemanden, der mir hilft.“

Sie zwinkerte der Mutter zu. „Wie ich dich kenne, wirst du mich begleiten. Allein lässt du mich bestimmt nicht reisen.“ Scherit seufzte.
„Sei froh, dass du nur mich hast“, meinte Senti. „Wenn du zwei, drei oder vier Töchter hättest, wär’ es zwei-, drei-, viermal schwieriger für dich.“
„Da hast du Recht“, gab Scherit zu. „Außerdem muss ich mich sowieso einmal in Achet Chufu umsehen. Auch dort wird es ein Haus der Herrschaften geben. Auf Vorschlag der Königsmutter Hetepheres hat es der Pharao mir zugesagt. Wenn ich mich überzeuge, wie weit es gediehen ist, erregt unser Besuch keinen Verdacht. Das Haus hier bleibt während unserer Abwesenheit wegen Großreinemachens geschlossen.“
Senti fiel ihr um den Hals und bedankte sich überschwänglich. Plötzlich legte sie die Stirn in Falten und fragte: „Wie ist es dann mit deiner Entschuldigung, von der du mir erzählt hast? Wenn Ranef gelogen hat, ist er trotzdem gemein.“
Jetzt schmunzelte Scherit. „Ich werde mich nicht entschuldigen“, antwortet sie heiter. „In den Krügen ist kein Wein, sondern fauliges Wasser aus Schlammpfützen.“ „Aber – wieso?“, stotterte Senti.
„Das ist mein Geheimnis“, sagte Scherit. „Frag nicht weiter. Ranef wird die Wein-in-Wasser-Verwandlung verstehen. Wenn er sie als Zeichen der Götter annimmt, soll es mir Recht sein.“
„Wann fahren wir?“, erkundigte sich das Mädchen.
„Im nächsten Monat“, versprach die Mutter. „Hiram wird uns begleiten.“
„Das ist gut“, lobte Senti. „Wenn Hiram bei uns ist, sind wir sicher. Er nimmt es mit einer Horde von Räubern auf!“

Das war übertrieben, doch nicht ganz falsch. Hiram war ein Riese von Gestalt und der beste Ringer in der Snofrustadt. Scherits Gatte hatte ihn als Sklaven gekauft und seiner Frau hinterlassen. Sie hatte ihm die Freiheit geschenkt, doch er war in ihrem Dienst geblieben. Dass er sie verehrte, ließ er sich nicht anmerken.
Nun bat ihn die Herrin, sie und ihre Tochter nach Achet Chufu zu begleiten. „Zu unserem Schutz", sagte sie.
Hiram verneigte sich tief. „Mein Leben für eures", antwortete er ehrlich.
„Ich hoffe, dass es nicht nötig sein wird", sagte Scherit freundlich.
Als er sich aufrichtete, ging sie von ihm weg. Er sah ihr bewundernd nach.

Der Bote kam heil zurück. Kein Unwetter hatte ihn aufgehalten, kein Räuber war ihm entgegengetreten. Am Abend lieferte er seinem Freund die Weinkrüge ab.
„Also glaubt Ranef, dass Sedech umgekommen ist", meinte der Aufseher.
Der Bote nickte.
Sie saßen im Hause des Aufsehers zusammen. Es war klein und aus Nilschlammziegeln gebaut. Da der Aufseher nicht verheiratet war, stand ihm keine bessere Unterkunft zu. Eine alte Sklavin, die ihn bemutterte, hielt einigermaßen Ordnung.
Der Aufseher befahl ihr, drei Becher zu bringen. „Zwei für uns", sagte er, „einen für dich."
Die Sklavin kicherte geschmeichelt.
Dann kam der große Augenblick. „Im Namen aller guten Geister, die edlen Wein lieben!", rief der Aufseher und brach das Siegel des ersten Kruges. Die Sklavin half ihm beim Hochheben des Gefäßes.

„Vorsicht beim Eingießen!“, warnte ihr Herr. „Es wäre schade um jeden Tropfen, der danebenfällt.“ Es klappte vortrefflich. Kein Tropfen fiel neben die Becher.
„Der Wein sieht seltsam aus“, stellte der Bote fest.
Die Sklavin schnupperte. „Er riecht auch nicht gut“, sagte sie angewidert.
„Vielleicht muss besonders edler Wein so aussehen und so riechen“, meinte der Aufseher. Er hob seinen Becher, nahm einen tüchtigen Schluck – schüttelte sich und spuckte aus.
Auch der Bote und die Sklavin hatten gekostet – und spuckten. „Pfui!“, riefen sie gemeinsam.
„Dreckbrühe!“, schnaufte die Alte.
Der Aufseher erbrach das zweite Siegel, roch am Krug, steckte den Finger hinein und kostete. „Dasselbe!“, schimpfte er wütend.
Der Bote schlug die Hände vor das Gesicht. „Es ist eine Warnung der Götter“, jammerte er angstvoll. „Kein Sterblicher darf sich erlauben, einen Lebendigen für tot zu erklären.“ Er schlug sich an die Brust und stöhnte: „Wir haben uns versündigt!“ Er wies auf den Aufseher, dann auf sich selbst. „Du und ich! Deshalb haben die Götter den Wein in fauliges Wasser verwandelt!“
„Die Götter?“, spottete der Aufseher. „Hast du die Krüge nicht vertauscht?“
Der Beschuldigte hob die Hände. „Du redest irre!“, rief er zornig. „Wie hätte ich die Siegel fälschen sollen?! Es ist die Warnung der Götter, das glaub mir gefälligst!“
Es dauerte lange, bis er den Freund und die Sklavin überzeugte.
Nach langem Nachdenken sagte der Aufseher: „Am besten sprechen wir zu keinem Menschen über Sedech. Wenn die Wein-in-Dreckbrühe-Verwandlung

bekannt würde, wären wir als Frevler gebrandmarkt. Freveltäter werden hingerichtet." Er hob die Stimme. „Also werden wir zu jedermann schweigen. Den Zwangsarbeiter Sedech gibt es nicht mehr!"
„Gibt es nicht mehr", wiederholte der Bote.
„Vor allem für Ranef nicht", sagte der Aufseher. „Der Schreiber Sesostris, der bald Oberschreiber sein wird, hat es erklärt." Er schmunzelte. „Nun ja, den Zwangsarbeiter Sedech gibt es tatsächlich nicht länger. Der Junge ist bei Sesostris und nicht mehr im Steinbruch. Raffiniert, dieser Schreiber!"
Der Bote kratzte sich am Kinn. „Raffiniert hin, raffiniert her, lieber Freund. Was krieg' ich für mein Schweigen?"
„Einen Krug von dem köstlichen Nilwasser, wenn du das Maul aufreißt", drohte der Aufseher. „Und dann würde dich der Stein treffen, der Sedech treffen sollte. Es muss ja kein Quader sein. Ein Steinchen aus einer Schleuder ist genauso tödlich wie ein Felsbrocken. Ich habe Freunde, die einen Vogel im Flug treffen." „Und wenn sich Ranef überzeugt?", wandte der Bote ein.
Der Aufseher winkte ab. „Dann verweise ich ihn an Sesostris. Einem königlichen Oberschreiber gegenüber bedeutet ein Gardeoffizier wenig."
Draußen heulte ein Wüstenhund.
„Das – das ist die Bestätigung des – des schrecklichen Seth", stotterte der Bote.
„Also Schweigen", bestimmte der Aufseher.
Der Bote und die Sklavin nickten heftig.
Mit der Nilbrühe aus den Weinkrügen begoss die Sklavin am nächsten Morgen die verkümmerte Dattelpalme hinter dem Haus ihres Herrn.
In den nächsten Jahren gedieh der Baum prächtig.

Die Schlange

Auch das neue Leben begann für Sedech mit harter Arbeit. Er tat sie gern, denn sie war kein Sklavendienst. Der Unterricht bei dem gestrengen Lehrmeister Sesostris versetzte den Jungen in eine andere Welt.

Wenn er die heiligen Zeichen schrieb, wurden sie ihm zu magischen Bildern, und sie sprachen zu ihm.

Die Umgangsschrift der Beamten und Händler gefiel ihm weniger; doch sah er ein, dass sie notwendig war.

Drei Wassermaße lang schrieb und las er täglich; eines unter der Anleitung des Meisters, die anderen zur Übung.

Dass er den größten Teil des Tages der Diener des königlichen Schreibers war, störte ihn nicht. Er sah es als Gegenleistung für den Unterricht an. Außerdem lernte er viel Nützliches, wenn er Sesostris zu Beamten, Händlern und auf Baustellen begleitete.

Schon bald stellte der Meister fest, dass sein Schüler die Rohrfedern genauso gut zuschnitt wie er selbst und dass seine Sandalen noch nie so angenehm weich gewesen waren. Sedech hatte die Sohlen mit Öl eingerieben, das sonst in Lampen verbrannt wurde. Der Sklave des Meisters hatte Spucke zum Putzen verwendet.

Die Götter standen Sedech weiterhin bei. Oder stellten sie ihn auf die Probe?

Es geschah am Morgen des fünfzehnten Tages bei Sesostris.

Sedech erwachte vom Schnattern der Nilgänse. Er gähnte, blinzelte ins Dämmerlicht und stand auf.

Die Gänse schnatterten weiter.

Das fand er seltsam. So laut, dass sie Schläfer in Achet Chufu aufschreckten, hatten sie noch nie gelärmt. Der

Nil floss einen Pfeilschuss weit vom Stadtrand entfernt. Das übermannshohe Papyrusdickicht hatte das Geschnatter sonst immer gedämpft. Jäger, die um diese Zeit auf Gänsejagd gingen, gab es nicht.

Der Lärm hielt an.

„Verdammte Schreihälse", schimpfte Sedech schlaftrunken. Dann zog ihn eine geheimnisvolle Kraft aus seiner Kammer hinaus.

Draußen im Gang hörte er das Geschrei der Gänse nicht mehr.

Ein Zeichen der Götter! durchfuhr es ihn. Ich muss es dem Meister sagen.

Er lief durch den Gang und bog um die Ecke. Vor der Tür, hinter der Sesostris schlief, döste der Sklave. Er war für seinen leichten Schlaf bekannt. Als er die Tritte des Jungen hörte, sprang er auf. Mit raschem Griff fasste er den Knüppel, der neben ihm an der Wand lehnte.

Seltsam, dass ihn das Geschrei der Gänse nicht aufgeweckt hat, dachte Sedech und gab sich zu erkennen.

Der Sklave lehnte den Knüppel zurück. „Herr Sesostris schläft gut", flüsterte er. „Herr Sesostris schnarcht nicht einmal."

Sedech schob die Tür einen Spaltbreit auf – und hörte ein gefährliches Zischen. Erschrocken sprang der Sklave zurück. Sedech öffnete die Tür weiter und schlich in die Kammer. Im Dämmerlicht, das durch die Fensteröffnung fiel, erkannte er das Entsetzliche.

Meister Sesostris lag auf seiner Schlafmatte und wagte sich nicht zu bewegen. Aus weit aufgerissenen Augen starrte er auf seine Brust. Dor lag eine jener giftigen Wüstenvipern, deren Biss auch Menschen tötet.

Das Reptil reckte sich auf und zischte dem Jungen ent-

gegen. Das Geräusch der Tür schien es aufgeschreckt zu haben.
Nur einen Augenblick lang stand Sedech wie gelähmt. Dann sprang er vor, packte zu – und die Götter waren ihm gnädig. Er ergriff das Reptil dicht hinter dem Kopf und schleuderte es in den Gang hinaus.
Der Sklave kreischte entsetzt.
Sesostris atmete schwer. Es dauerte eine Weile, bis er sich erhob. Dann taumelte er wie ein Betrunkener.
Sedech lehnte sich an die Wand, schloss die Augen und zitterte. Jetzt, da sie vorbei war, kam ihm die Gefahr, in der er geschwebt hatte, erst richtig zum Bewusstsein. Er zuckte zusammen, als ihm Sesostris die Hand auf die Schulter legte.
Draußen auf dem Gang dröhnten drei dumpfe Schläge dicht nacheinander. Dann rief der Sklave: „Jetzt beißt du niemanden mehr, du Giftwurm!"
„Das vergesse ich dir nie, mein Junge", murmelte Sesostris. „Ich danke dir für deinen Mut."
„Ich war nicht mutig", gestand Sedech. „Ich packte einfach zu, und als es vorbei war, wurden mir die Knie weich." Dann erzählte er vom Geschrei der Nilgänse und der geheimnisvollen Kraft, die ihn zur Schlafkammer des Meisters gezogen hatte.
„Den Göttern sei Dank", murmelte Sesostris.
Der Sklave steckte den Kopf durch die Tür und meldete, dass er die Schlange erschlagen habe. „An mir vorbei ist sie bestimmt nicht in deine Kammer gekommen, Herr", versicherte er ängstlich.
„Wahrscheinlich hatte sie sich schon vor längerer Zeit hier versteckt", sagte Sesostris. „Dank deiner Hilfe, Sedech, blieb ich am Leben."
„Dank den Göttern", sagte der Junge.

Senti und Sedech

Auf einer Nilbarke reisten Scherit, Senti und Hiram nach Achet Chufu. Das Boot fuhr schneller als die ungefügen Frachtschiffe, in denen Dag und Sedech verschleppt worden waren.
Neben dem Anlegeplatz des Fischerortes Gizeh wurde ein geräumiger Hafen für die Cheopsstadt gebaut. Die Landestelle war bereits fertig. Hier legte die Barke an. Der Hafenmeister kontrollierte die Ankommenden. Sechs Bewaffnete standen bei ihm.
„Wer seid ihr, und was wollt ihr hier?", fragte er Scherit.
„Seit wann werden Schiffsreisende in Gizeh verhört?", fragte sie dagegen.
„Nicht in Gizeh, sondern vor Achet Chufu", belehrte er sie. „Befehl des erhabenen Hemiu. Es könnte sich Gesindel in die neue Hauptstadt einschleichen."
„Sehen wir wie Gesindel aus?", spottete Senti.
„Das nicht", antwortete der Hafenmeister. „Trotzdem muss ich um Antwort bitten."
Scherit lächelte. „Wenn du mich bittest, antworte ich gern."
„Also bitte", sagte der Hafenmeister dienstlich.
„Wir kommen aus der Snofrustadt", erklärte Scherit. „Dort leite ich das Haus der Herrschaften."
„Oh!", rief der Hafenmeister überrascht. „Vom Haus der Herrschaften hab' ich gehört! Dort soll es mit Kräutern gefüllte Wachteln geben, gebratene Gänse und das süßeste Gebäck, das man sich vorstellen kann." Er schnalzte mit der Zunge.
„Richtig", sagte Scherit. „Seit kurzer Zeit gibt es da auch den Trank des Vergessens, der von irdischer Trübsal befreit."

Die Bewaffneten glotzten Senti an. Sie fühlte sich geschmeichelt und lächelte ihnen zu.
Der Hafenmeister war wie umgewandelt. Er winkte die letzten Schiffsreisenden durch, verneigte sich vor Scherit und bedauerte, ihr unangenehme Fragen stellen zu müssen.
„Es ist deine Pflicht, Hauptmann“, sagte sie; und er strahlte, weil sie ihn Hauptmann nannte.
Die Bewaffneten grinsten.
Scherit stellte ihre Tochter Senti und den Diener vor. „Hiram beschützt uns besser, als Krieger es könnten“, sagte sie freundlich.
Die Bewaffneten grinsten nicht mehr.
Scherit fuhr fort: „Auch in Achet Chufu wird es ein Haus der Herrschaften geben, und es wird mir gehören. Deshalb bin ich gekommen. Ich möchte mich überzeugen, dass der Bau gut vorankommt. Kannst du mir die Baustelle zeigen?“ Der Hafenmeister bedauerte. „Leider nein, ich bin erst seit kurzer Zeit in Achet Chufu. Aber ich freue mich, dass es auch hier ein Haus der Herrschaften geben wird.“
„Wer könnte mich informieren?“, erkundigte sich Scherit.
„Der neue Oberschreiber“, antwortete der Hafenmeister. „Er heißt Sesostris und wohnt in einem Behelfsbau am Ptahtempel, der auch noch nicht fertig ist. Wenn du erlaubst, wird dich einer meiner Leute zu ihm führen.“
Scherit nahm dankend an.
Der Hafenmeister beauftragte einen seiner Bewaffneten, und dieser bat die Besucher, ihm zu folgen. Hiram trug das Reisegepäck. Es war nicht viel, da Scherit nur einige Tage in Achet Chufu bleiben wollte.

Unterwegs fragte sie den Begleiter, ob er einen jungen Mann namens Sedech kenne.
„Ich kenne zwei", antwortete er. „Einer ist Bauer. Jetzt arbeitet er freiwillig an der Pyramide mit. Er dürfte zwei- oder dreiundzwanzig Jahre alt sein. Der andere ist sechzehn oder siebzehn und noch keine zwei Monate in der Stadt."
„Er ist es, Mutter", flüsterte Senti.
„Möglich", sagte Scherit leise. „Lass dir nichts anmerken."
„Ein feiner junger Herr", erzählte der Mann weiter. „Er ist der Neffe des Oberschreibers und immer dabei, wo dieser auftaucht. Wird vermutlich mal ein hohes Tier in der Verwaltung werden. Der Einfluss seines Onkels schubst ihn bestimmt an die richtige Stelle." Er zuckte die Achseln. „Ich mag Schreiber nicht besonders. Die meisten sehen hochnäsig auf Leute herunter, die nicht lesen und schreiben können, und hauen sie oft gehörig über die Ohren. Der Junge Sedech gefällt mir trotzdem. Er ist freundlich und überhaupt nicht eingebildet. Vielleicht seht ihr ihn bei Sesostris. Er und sein Onkel arbeiten bis spät in den Abend hinein."
Senti ließ den Kopf hängen. Der Sedech, den sie meinte, war nicht vornehm, und einen Oberschreiber als Onkel hatte er erst recht nicht.
„Wir sind da", sagte der Begleiter und wies auf einen Ziegelbau, den die halbfertigen Mauern des Ptahtempels überragten. Vor dem Eingang stand ein Sklave als Wächter. „Besuch für den Oberschreiber", sagte der Mann der Hafenwache.
Der Sklave schüttelte den Kopf. „Keine Besuchszeit mehr."
„Wir kommen aus der Snofrustadt", erklärte Scherit.

„Ich bin die Besitzerin des Hauses der Herrschaften."
Scherits Diener beeindruckte den Sklaven mehr als das, was die Dame sagte. Hiram hatte das Gepäck abgestellt und ließ seine Muskeln spielen. Dazu machte er ein Gesicht wie ein gereiztes Nilpferd vor dem Angriff.
„Ich werde den Herrn fragen", murmelte der Sklave und verschwand im Haus. Der Mann von der Hafenwache verabschiedete sich.
Scherit, Senti und Hiram brauchten nicht lange zu warten. Der Sklave kam zurück, verbeugte sich und meldete: „Gäste aus der Snofrustadt sind dem ehrenwerten Herrn Sesostris und dem jungen Herrn willkommen. Folgt mir bitte."
Er führte Scherit und Senti in den Amtsraum. Dem Diener Hiram bedeutete er, vor der Tür zu warten.
In der Amtsstube standen ein großes und ein kleines Schreibpult, davor lagen aus Schilf geflochtene Matten. Durch zwei Fensteröffnungen fiel Dämmerlicht. Es war noch so hell, dass der Sklave die Öllampen nicht anzünden musste. Er bat die Damen, Platz zu nehmen.
Dann öffnete er die Tür in der Rückwand, verneigte sich und meldete: „Der ehrenwerte Herr Sesostris, Oberschreiber des Prinzen Hemiu."
Sesostris war vornehm gekleidet, wie es seiner Würde und der damit verbundenen Macht entsprach. Er trug ein langes Gewand aus weißem Leinen, Sandalen an den Füßen und auf dem Kopf eine Perücke mit schulterlangen Haaren.
Er bat die Damen, sich nicht zu erheben, und setzte sich ihnen gegenüber. „Willkommen", sagte er freundlich. „Wie kann ich euch behilflich sein?"
Scherit fasste sofort Vertrauen zu ihm. Sie fragte ohne Umschweife: „Lebt Sedech?"

„Ich freue mich, dass du gleich zur Sache sprichst", sagte Sesostris. „Ich antworte dir ohne langes Reden. Der Junge Sedech, den du meinst, ist gesund und in Sicherheit."
Senti hielt die Hand auf den Mund, um nicht vor Freude zu schreien.
„Den Göttern Dank", sagte Scherit. „Baket wird selig sein."
Das Wort „selig" sprach sie bewusst aus. Dass Sedechs Mutter sich freuen würde, schien ihr zu wenig.
Sesostris klatschte in die Hände.
Die Tür, durch die er gekommen war, ging wieder auf, und ein junger Mann trat ein. Er trug den leinenen Lendenschurz der Vornehmen und Sandalen wie sein Meister.
„Er – er ist es", stammelte Senti.
„Er ist es", wiederholte Scherit.
Sedech verneigte sich stumm.
„Du darfst sprechen", sagte Sesostris.
„Wie – geht es meiner Mutter?", fragte Sedech. Seine Stimme zitterte.
„Gut", versicherte Scherit. „Sie ist meine Freundin und arbeitet im Haus der Herrschaften."
„Den Göttern sei Dank", murmelte der junge Mann. „Und – wie geht es meinem Vater? – Verzeihung – ich meine meinem Stiefvater Dag?"
„Von ihm weiß ich nichts", antwortete Scherit. „Der Sinai liegt weit entfernt."
„Ja", sagte Sedech, „Sehr weit."
Senti starrte ihn unverwandt an. Sie hatte ihn in guter Erinnerung, doch jetzt gefiel er ihr noch besser.
Warum sah er sie bloß nicht mehr an? Er hatte ihr einen kurzen Blick zugeworfen, das war alles. Senti biss sich

auf die Lippen. Jetzt redete der Oberschreiber mit ihrer Mutter, und Sedech stand wie ein Steinklotz daneben!
„He!", flüsterte sie und winkte ihn zu sich. Er setzte sich neben sie auf die Matte. „Ja, bitte?", erkundigte er sich höflich.
Sie legte den Finger an die Lippen und fragte leise: „Warum übersiehst du mich? Ich bin Senti aus dem Haus der Herrschaften. Findest du mich hässlich?"
„Aber – aber nein", stotterte er verlegen.
„Wenn ich meine Mutter nicht gedrängt hätte, wären wir nicht hier", flüsterte sie weiter. „Dann wärst du tot für mich, wie der Bote aus Achet Chufu gesagt hat."
„Wieso tot?", fragte Sedech. „Und warum bist du wütend auf mich? Beinah so wütend wie Ranef." Er wurde zornig. „Dabei nehme ich dich ihm gar nicht weg! Deinetwegen hätte er mich nicht in den Käfig sperren müssen!"
„In – in einen Käfig?", japste Senti. Ihr Ärger war wie

weggeblasen. „Dass du für mich im Käfig gesessen bist, find' ich himmlisch!"

Er begriff ihre Freude nicht. „Es war kein Vergnügen im Käfig", sagte er ärgerlich. „Und die Knüppelschläge waren erst recht nicht zum Lachen!"

Das hatte er laut gesprochen.

„Käfig und Schläge?", fragte Scherit.

„Erzählen wir der Reihe nach", schlug Sesostris vor.

„O ja", sagte Senti. „Fang an, Sedech."

Sesostris winkte ab. „Bitte später. Ich wäre ein schlechter Hausherr, wenn ich die Gebote der Gastfreundschaft missachtete. Ich darf meinem Neffen Sedech doch kein schlimmes Beispiel geben."

„Wieso Neffe?", platzte Senti heraus.

„Auch davon später", sagte Sesostris. „Jetzt bitte ich um Nachsicht. Hier ist alles behelfsmäßig, weil das Amtsgebäude für den Oberschreiber noch im Bau ist. Den Reisestaub abschütteln und euch erfrischen könnt ihr trotzdem. Nachher setzen wir uns zu einem kleinen Imbiss zusammen und erzählen der Reihe nach. Mein Sklave wird euch Schlafmatten in die Gästekammer legen."

„Wir wollen dir keine Ungelegenheiten machen", sagte Scherit. „Gibt es hier keine Schenke, in der wir übernachten könnten?"

„In Gizeh ja", antwortete Sesostris, „doch rate ich euch davon ab. Blutsaugendes Ungeziefer ist das mindeste, das über euch herfallen würde."

„Huu!", rief Senti erschrocken.

„Gut", sagte Scherit zu Sesostris. „Wir nehmen dein Angebot an. Ich hoffe, mich erkenntlich zeigen zu dürfen. Wenn das Haus der Herrschaften in Achet Chufu eröffnet wird, sollst du mein Ehrengast sein."

Der Oberschreiber verneigte sich lächelnd. „Mit Vergnügen“, sagte er. Dann bat er Sedech, die Gäste zu begleiten.
Hiram trug das Gepäck hinterher. Mit seinem Schlafplatz gab es keine Schwierigkeiten. Er würde vor der Tür seiner Herrinnen schlafen.
Senti barst vor Neugierde. „Du, Sedech“, flüsterte sie, „wieso bist du der Neffe des Oberschreibers?“
„Weil es den Zwangsarbeiter Sedech nicht mehr gibt“, antwortete er ebenso leise.
„Das versteh' ich nicht“, murmelte sie.
„Wir sind da“, sagte er, öffnete eine Tür und bat die Damen einzutreten. „Wasser und Schlafmatten wird der Sklave bringen. Sagt ihm, was ihr sonst noch braucht. Zum Imbiss werde ich euch abholen.“ Er verneigte sich und ging.
„Er benimmt sich besser als mancher hohe Herr im Haus der Herrschaften“, schwärmte Senti. „Und wie gewählt er sich ausdrückt!“ Sie strahlte über das ganze Gesicht.
Hiram stellte das Gepäck ab und bezog seinen Posten vor der Tür. Der Sklave des Oberschreibers brachte die Schlafmatten, dann das Waschwasser, zündete die Dochte in den Öllämpchen an und erkundigte sich nach weiteren Wünschen.
„Für weitere Wünsche bin *ich* da“, sagte Hiram von der Tür her. Dazu machte er sein gefürchtetes Nilpferd-vor-dem-Angriff-Gesicht.
Der Sklave entfernte sich eilig.
Scherit und Senti beeilten sich.
Senti war in Hochstimmung. Sie trällerte vor sich hin. Scherit schmunzelte. Ein Schreiber ist eine angesehene Persönlichkeit, dachte sie. Wenn Sedech für

Senti tatsächlich mehr als ein Mädchenschwarm sein sollte, wäre unter diesen Umständen nichts gegen ihn einzuwenden ...
Kurze Zeit später holte er die Gäste ab. Senti war enttäuscht, dass er sie auch jetzt nicht bewunderte. Dabei trug sie ihren schönsten Schmuck.
Der Oberschreiber Sesostris erwartete die Damen in seinem Wohngemach. Statt der Sitzmatten gab es hier niedrige Hocker. Neben jedem stand ein Tischchen mit einer Schale und zwei Bechern darauf. In den Schalen lagen Datteln, Feigen und Honiggebäck. Neben der Tür standen Hiram und der Sklave, jeder zwischen zwei Krügen.
Öllampen gaben freundliches Licht.
„Willkommen", sagte Sesostris. „Ich bitte, mit dem vorlieb zu nehmen, was mein Behelfsheim euch bietet." Er wies auf die Krüge. „Wein, Bier, Granatapfelsaft oder Brunnenwasser?"
„Der Apfelsaft schmeckt ausgezeichnet", flüsterte Sedech Senti zu.
Sie freute sich, dass er sie ansprach, aber er sollte sich bloß nicht einbilden, dass sie tat, was er wollte!
Frau Scherit bat um Wein, doch mit Wasser vermischt. Den Wein schenkte Hiram ein, das Wasser der Sklave.
„Und die junge Dame?", fragte Sesostris.
„Nimm den Granatapfelsaft", flüsterte Sedech.
„Bier bitte", sagte Senti.
Nur mit Mühe verbarg Sedech seine Enttäuschung.
„Bier für die junge Dame", befahl Sesostris dem Sklaven, und zu Senti sagte er freundlich: „Es möge dir bekommen." Sedech bat um Apfelsaft.
Sesostris nahm mit Wasser vermischten Wein.
Sie tranken einander zu.

Dann schickte der Hausherr den Diener und den Sklaven hinaus und bat die Gäste, Platz zu nehmen. „Was wir besprechen, ist nur für uns bestimmt“, sagte er. „Nachschenken wird mein Neffe.“
Sedech verbeugte sich. „Ja, Meister.“
Für sich und Hiram hatte der Sklave vorgesorgt. Sie speisten in der Küche genauso gut wie ihre Herrschaften.
Es hätte ein gemütlicher Abend werden können, wenn der Name Ranef nicht so oft gefallen wäre.
Sedech erzählte von den Quälereien im Käfig und im Steinbruch. Er übertrieb nichts, doch immer wieder brach der Zorn in ihm durch. Dann mahnte ihn Sesostris, sich zu beherrschen.
Fest stand, dass Ranef den vermeintlichen Nebenbuhler aus dem Weg räumen wollte. Dass Sedech überlebt hatte, verdankte er dem Oberschreiber.
„Dieser Schuft“, flüsterte Senti und meinte den Offizier. Dann lachte sie schon wieder. „Toll, wie du ihn angelogen hast, Meister“, sagte sie zu Sesostris.
Er widersprach ihr. „Du irrst. Ich habe Ranef nicht belogen. Ich habe nicht behauptet, dass Sedech tot sei. Ich ließ Ranef mitteilen, dass es den Zwangsarbeiter Sedech nicht mehr gebe. Das ist die Wahrheit. Sedech ist kein Zwangsarbeiter mehr, sondern mein Schüler.“
„Gut ausgedacht“, lobte Scherit.
„Aber dein Neffe ist er nicht“, wandte Senti ein.
„Doch“, sagte Sesostris. „Ich habe ihn als Neffen adoptiert, wie Dag ihn als Sohn adoptierte. Warum soll es nur Adoptivsöhne und nicht auch Adoptivneffen geben?“
„Warum hast du das getan?“, erkundigte sich Scherit.
„Um Sedech zu schützen“, erklärte Sesostris. „Es

könnte sein, dass Ranef eines Tages misstrauisch wird und nachforscht. Wenn er erfährt, dass der Junge Sedech in Achet Chufu der Neffe des Oberschreibers ist, wird er nichts unternehmen, selbst wenn er meine List durchschaut. Gegen mich vorzugehen, wird er nicht wagen. Einen königlichen Oberschreiber zum Feind zu haben, darf sich nicht einmal ein Wesir leisten. Wir Schreiber gehören zu den mächtigsten Männern in Ägypten. Der göttliche Pharao ist uns gnädig. Das sage ich nicht aus Überheblichkeit, es ist Tatsache. Die Macht des Geschriebenen ist göttliche Macht."

Scherit stimmte ihm zu. „Du hast Recht. Sie reicht bis in die Ewigkeit. Warum sonst lassen Pharaonen und andere Vornehme wirkliche und erdichtete gute Taten an die Wände ihrer Grabkammern schreiben?"

„So ist es", bestätigte Sedech. „Dieses Geschriebene lesen und glauben die Götter. So lehren es die Priester."

Wie klug er redet, dachte Senti und sah ihn bewundernd an. Leider merkte er es wieder nicht. Zornig leerte sie ihren Becher. Das Bier schmeckte scheußlich.

„Schenk nach, Neffe", sagte Sesostris.

Sedech stand auf. „Jetzt vielleicht Granatapfelsaft?", fragte er ernsthaft.

„Wein!", fauchte Senti. „Ungemischt!"

„Benimm dich", flüsterte Scherit.

„Ungemischt", wiederholte Sedech. „Bitte sehr." Er griff nach einem Krug und goss klares Brunnenwasser ein. „Ungemischt", sagte er noch einmal.

Senti war so verblüfft, dass es ihr die Rede verschlug. Sie trank, ohne zu protestieren.

Sedech lächelte; nicht spöttisch, sondern freundlich, fand Senti. Sie trank den Becher leer. Sedech schenkte nach.

Sie hielt ihm den Becher so entgegen, dass er ihre Hand berühren musste.
„Entschuldige", murmelte er.
„Du bist unaufmerksam, Senti", tadelte die Mutter. „Meister Sesostris hat dich etwas gefragt."
„Er möchte wissen, wie alt du bist", flüsterte Sedech.
Senti tat beleidigt. „Wieso unaufmerksam, Mutter?" Dann antwortete sie dem Oberschreiber: „Ich bin älter als dreizehn." Sedech flüsterte sie ein Dankeschön zu.
Und wieder ging es um Ranef. Scherit berichtete, was sie und ihre Tochter mit ihm erlebt hatten. Als sie von dem Schmutzwasser in den Weinkrügen erzählte, lachte selbst Sesostris, der über Scherzhaftes sonst nur lächelte.
In Achet Chufu war von der Wein-in-Wasser-Verwandlung nichts bekannt geworden. Die Betroffenen hatten geschwiegen.
„Auch Ranef wird schweigen, wenn er es erfahren sollte", meinte Scherit. „Eine solche Blamage kann er sich nicht leisten."
„Wenn er sich grün und blau ärgert, geschieht es ihm recht", sagte Senti. Als sie zu Sedech hinüberschielte, sah er rasch weg. Jetzt ist er verlegen, dachte sie. Und rot wird er auch noch! Sie nahm es als gutes Zeichen. Vorsichtshalber drückte sie die Daumen und spreizte die kleinen Finger ab. Das galt als besonders kräftiger Zauber für ein Mädchen, das einen Jungen auf sich aufmerksam machen wollte. Die abgestreckten Finger richtete sie gegen Sedech.
Er guckte an die Decke und futterte Feigen. Dazwischen blinzelte er zu Senti hinüber. Wenn er sich ertappt sah, schob er hastig eine Feige, eine Dattel oder beide zusammen in den Mund und kaute schneller.

Was Sesostris und Scherit miteinander redeten, interessierte weder ihn noch das Mädchen.
Der königliche Oberschreiber und die Wirtin der Nobelschenke unterhielten sich über den Aufbau der Stadt.
Die Unterhaltung zwischen Sedech und Senti verlief einseitig. Das meiste sprach sie, und er hörte zu ...
In der Nacht träumten sie voneinander: Senti von Sedech, Sedech von Senti.
Es waren gute Träume.

Achet Chufu

Als „die Zeit des Auftauchens der Felder aus dem Wasser" kam, wurden die Bauern, die an der Pyramide gearbeitet hatten, nach Hause geschickt. Der Nil wich in sein Flussbett zurück. Auf den Feldern lag fruchtbarer Schlamm.
Die Bauern legten Ent- und Bewässerungsgräben an, lockerten den Boden mit Harken auf, säten Emmer und Gerste und ließen die Saat von Rindern und Schafen eintreten.
Sie besserten die Dämme aus, die ihre Dörfer vor Überflutung schützten, deckten schadhafte Hüttendächer und formten Schlammziegel für Neubauten und zum Ausbessern von Mauerschäden.
An der Pyramide und der Hauptstadt des Pharaos arbeiteten bezahlte Handwerker und unbezahlte Sklaven unter der Aufsicht der Baumeister und Schreiber weiter.
Prinz Hemiu war zufrieden. Die zweihundert „Pyramidenbauern" waren sehr nützlich gewesen. Hemiu hoffte, die Jahresfrist einhalten zu können. Drei

Nächte nacheinander träumte er von einem übergroßen Honigkrug, auf dem eine Goldkette lag.
Ein Bote aus der Snofrustadt meldete, dass Pharao Cheops in drei Tagen eintreffen werde, um sich vom Fortgang der Bauarbeiten zu überzeugen.
Er ist mir willkommen", sagte der Prinz. „Der Pharao wünscht keinen großen Empfang", meldete der Bote weiter. „Die Arbeit darf nicht unterbrochen werden."
„Der Wille des Erhabenen geschehe", antwortete Hemiu.

Cheops erschien mit kleiner Begleitung. Außer ihm, seiner Gemahlin Meritites, seinen kleinen Söhnen Djedefre und Chefren, der Königsmutter Hetepheres, dem Wesir, einem Oberpriester und fünf Hofdamen reisten auf dem Staatsschiff nur noch vier Diener, sechs Dienerinnen, drei Sklaven und fünf Sklavinnen mit.
Zwei Kriegsboote gaben das Geleit. Die Krieger unterstanden dem Befehl des Offiziers Ranef, den der Pharao auf Drängen seiner Mutter zum Hauptmann befördert hatte.
Prinz Hemiu wusste, dass Cheops trotz seiner Anweisung einen großen Empfang erwartete. Zehn, elf Leute an der Landungsstelle hätte er übelgenommen. Selbst wenn er bescheiden tat, wünschte er Besonderes.
Mit Ausnahme der Arbeitssklaven und ihrer Aufseher hatte der Prinz alle, die gehen und stehen konnten, zum Hafen befohlen. In der ersten Reihe, neben den Baumeistern, standen der Oberschreiber Sesostris und sein Adoptivneffe Sedech.
Als sich die Schiffe auf Rufweite näherten, begann die Musik zu spielen. Lautenschläger und Harfenspieler griffen in die Saiten, Kurz- und Langflöten stimmten ein, Klappern rasselten, und Trommeln dröhnten.

Zuerst legte das Kommandoboot der Garde an. Ranef sprang an Land, trat auf Prinz Hemiu zu und hob die golddurchwirkte Kommandopeitsche. „Hauptmann Ranef, Kommandant der Königlichen Garde, meldet die Ankunft des göttlichen Pharaos!", rief er in das Klingen der Musik.
„Ich heiße den Erhabenen willkommen", antwortete Hemiu.
Das zweite Begleitboot legte an. Die Gardisten stellten sich zu beiden Seiten des Landungsstegs auf. Die Unteroffiziere hielten ihre Lanzen quer vor sich, die Krieger legten Pfeile auf die Bogensehnen.
„Der Pharao verlässt sich lieber auf die Waffen seiner Krieger als auf die Liebe der Untertanen", spottete ein Fischer aus Gizeh, der mit anderen zum Empfang befohlen war.
„Schweig", warnte der Nachbar. „Jetzt, wo die Bauern auf ihren Feldern arbeiten, braucht Cheops dringend neue Sklaven zum Pyramidenbau. Leute, die das Maul aufreißen, mag er besonders."
Ranef musterte die Reihe der Vornehmen, zuckte zusammen, trat vor Sedech und fragte: „Wer bist du?"
„Mein Neffe", antwortete Sesostris an Stelle des Jungen. „Ich bin königlicher Oberschreiber geworden. Was willst du von meinem Neffen?"
„Er sieht einem anderen täuschend ähnlich", sagte Ranef. Sesostris nickte. „Das soll es geben, Hauptmann. Ein Weiser behauptete, dass jeder Mensch seinen Doppelgänger habe. Ich kannte einen Offizier, der dir täuschend ähnlich sah. Er war kein Hauptmann, aber ein böser Mensch. Einmal bestach er einen Steinbruchaufseher, damit dieser einen Mord begehe."

„Ich muss mich wohl getäuscht haben", sagte Ranef hastig. „Entschuldige mich." Er eilte zum Landungssteg und meldete dem Pharao: „Prinz Hemiu und dein Volk, Erhabener, erwarten dich."
Die Musik wurde lauter, und Hemiu rief: „Heil dem göttlichen Pharao!"
„Heil dem göttlichen Pharao!", jubelte das Volk wie befohlen. Cheops winkte gnädig und ging von Bord.
Ihm folgten die kleinen Prinzen Djedefre und Chefren, die Große königliche Gemahlin Meritites und die Königsmutter Hetepheres. Meritites strahlte, als gelte der Jubel ihr und ihren Kindern.
Die Söhne des Cheops achteten weder auf die Musik noch auf die jubelnden Leute. Djedefre hatte in den Nil gespuckt. Er beobachtete, wie sich die Spucke im Kreis bewegte, und fragte den Bruder, wohin sie schwimmen würde, wenn sie sich nicht mehr drehte.
„Dorthin", sagte Chefren und wies nach rechts.
Djedefre schüttelte den Kopf, zeige nach links und behauptete: „Dorthin."
Sie starrten auf die Spucke und protestierten heftig, als Großmutter Hetepheres sie weiterdrängte.
„Du solltest den Prinzen mehr Würde beibringen", flüsterte die Königsmutter der Großen königlichen Gemahlin zu.
„Ja, Ehrwürdige", antwortete Meritites und strahlte weiter.
„Sie treibt *dahin*", sagte Chefren noch einmal.
„Falsch", widersprach Djedefre, „*dorthin*!"
Die Spucke blieb am Ufer hängen.
Da murmelten sie ein anrüchiges Wort, das Pharaonensöhne nicht einmal gehört haben sollten. Es ging in der lauten Musik und dem Lärmen des Volkes unter.

Dann verneigten sich die Leute tief und streckten die Hände vor.
„Geht aufrecht und schaut geradeaus", befahl Hetepheres den Enkeln. „Schlenkere nicht mit den Armen, Chefren! Und du, Djedefre, grins nicht so albern. Ein zukünftiger Pharao grinst nicht!"
„Dumme Spucke", brummelte Djedefre. Der Bruder stimmte ihm zu.
Sedech wurde weder vom Pharao noch von Meritites und Hetepheres beachtet. Sie kannten ihn nicht.
Und Ranef schwieg.

Nach einem Festmahl bei dem obersten Baumeister besichtigten die hohen Herrschaften die Stadt. Pharao Cheops sprach dem „geliebten Neffen Hemiu" seine Anerkennung aus. „Ich bin überzeugt, dass du es in Jahresfrist schaffen wirst", sagte er freundlich.
Hemiu hörte den warnenden Unterton und versprach, sein Bestes zu tun.
An jeder Baustelle warfen sich die libyschen Sklaven vor dem Pharao zu Boden. Sobald er sich entfernte, wurden sie von den Aufsehern wieder angetrieben.
Die Söhne des Pharaos interessierten sich nicht für den halbfertigen Königspalast, den halbfertigen Ptahtempel und die Häuser, von denen erst die Grundmauern standen. Eine vorüberhuschende Flussratte, ein streunender Affe und gurrende Tauben waren ihnen wichtiger. Großmutter Hetepheres ermahnte sie immer häufiger, königliche Würde zu zeigen. Der Enkel Chefren streckte ihr einmal verstohlen die Zunge heraus.
Tief enttäuscht waren die Knaben von der Pyramide, die ihrem Vater als ewige Wohnung dienen sollte.

„Da liegen ja nur ein paar Steine herum“, meinte Prinz Djedefre.
„Sie liegen nicht herum“, belehrte sie Hemiu. „Es sind die ersten Quader auf dem vorbereiteten Fundament.“
„Was ist Fundament?“, fragte Chefren. „Der tragfähige Untergrund für die Pyramide“, erklärte Hemiu. „Ihn auszuheben und einzuebnen, war Schwerstarbeit.“
Das begriff Chefren auch nicht; doch bevor er weiterfragen konnte, befahl ihm Großmutter Hetepheres, den Mund zu halten.
Mutter Meritites fand alles wunderbar. Sie freute sich sogar über Chefrens Fragen, weil er sich nach Dingen erkundigte, von denen auch sie nichts verstand.
Auch die Pyramidensklaven warfen sich zu Boden, als der Pharao erschien. Cheops dankte mit gnädigem Nicken; nicht den Sklaven, sondern den Antreibern.
Vom nahen Steinbruch führten in den Wüstensand eingegrabene Schleifspuren zur Pyramide. Sie rührten von den Lastschlitten her, mit denen die mächtigen Quader zur Baustelle gezogen wurden. An schwierigen Stellen lagen Rundhölzer, auf denen die Schlitten besser dahinglitten als auf dem Sand.
Die Pyramidensklaven nannten diese Strecke den „Weg der Verdammten“. Die Seile, an denen die ungeheuren Lasten gezogen wurden, schnitten in die Hände ein und schürften die Schultern auf. Die Männer, die nachschoben, scheuerten sich am Stein die Hände wund. Unter sengender Sonne lief der Schweiß von der Stirn in die Augen. Zugochsen wurden erst dann eingespannt, wenn zu viele Männer ausgefallen waren.
Nach dem Kniefall der Sklaven vor Cheops pfiffen die Peitschenhiebe von neuem nieder, und die Verdammten legten sich wieder in die Stränge.

Meritites wandte sich ab. Rohe Gewalt schreckte sie ab. Sie konnte kein Blut sehen. Der Knabe Djedefre war begeistert. Dass Sklaven keine Menschen waren, wusste er von seinen Lehrern. Wie sie angetrieben wurden, faszinierte ihn. „Wenn sie Hiebe kriegen, ziehen sie besser", flüsterte er dem Bruder zu.
„Ich mag das nicht", sagte Chefren. „Wenn ich Pharao bin, dürfen sie nicht so fest zuschlagen."
„Du wirst kein Pharao", spottete Djedefre. „Ich bin älter als du."
Chefren streckte ihm die Zunge heraus und sagte: „Bäääh!"
Pharao Cheops trat an die Felsspitze, von der er seine zukünftige Residenz überblicken konnte.
„Achet Chufu", sagte er versonnen.

Ein Wunder

Die Götter taten Gutes, auch wenn es die Betroffenen erst später als Wohltat erkannten.
Senti erkrankte an entstellendem Ausschlag. Ihr Gesicht schwoll an und wurde fleckig. Der Juckreiz quälte sie von Tag zu Tag mehr.
Ein Arzt bemühte sich, ohne helfen zu können. Er kannte die Krankheit nicht, von der Senti befallen war. Sie war seit Menschengedenken nicht aufgetreten. Zum Glück schien sie nicht ansteckend zu sein. Scherit und Baket, die mit der Kranken dauernd in Berührung kamen, blieben verschont.
Das Leiden verschlimmerte sich. Zeitweise fiel das Mädchen in eine Art Dämmerzustand und phantasierte Sinnloses.

In ihrer Not bat Scherit die Königsmutter um Hilfe. Hetepheres sandte ihren Leibarzt.
Auch ihm war die Krankheit unbekannt. Er versuchte sie mit Salben zu lindern, mit Kräutersud und – da er heilkundiger Priester war – mit Beschwörungen.
Alles vergebens. Um den Juckreiz wenigstens zeitweise auszuschalten, verordnete er ein starkes Schlafmittel. Senti sollte nur davon trinken, wenn die Schmerzen unerträglich wurden.
Eine Zeitlang ließ sich die seltsame Krankheit verheimlichen, dann wurde sie doch bekannt. Bald hieß es, die Götter hätten das Haus der Herrschaften mit einer Seuche heimgesucht.
Die meisten Gäste blieben aus. Nur wenige glaubten den Ärzten, dass keine Ansteckungsgefahr bestehe. Diese wenigen fanden sich weiterhin ein. Senti sahen sie nicht, sie dämmerte in ihrer Kammer dahin.
Als einer der ersten war Hauptmann Ranef weggeblieben. „Ich fürchte den Tod auf dem Schlachtfeld nicht“, hatte er zu seinen Freunden gesagt, „aber ich möchte nicht bei lebendigem Leib vermodern.“ Die Zeit verging, die Kranke wurde von den meisten Leuten wie so vieles vergessen, das nicht mehr aktuell war.
Ein Händler aus Gizeh brachte Grüße von Sedech. Als Geschenk für Mutter Baket schickte der Sohn einen Papyrus, auf den er einen Segensspruch in heiligen Zeichen geschrieben hatte; für Senti ein Amulett, das Glück bringen sollte. Er hatte es von einem Wandermagier für einen kupfernen Armreif eingetauscht. Von Sentis Unglück wusste er nichts.
„Bring du es ihr“, sagt Scherit zu Baket.
Senti lag mit geschlossenen Augen. Sie schien zu schlafen. Ihr Gesicht glühte feuerrot. Einen Augen-

blick lang schien es Baket, als ob die hässlichen Flecken kleiner geworden seien, aber das war wohl bloß ein Wunschbild.
Senti atmete schwach. Baket hängte ihr das Amulett um den Hals. „Von Sedech", sagte sie leise.
Das Mädchen bewegte sich nicht. Baket murmelte eine Beschwörung und schlich aus der Kammer ...
Kurze Zeit später gab es neuen Gesprächsstoff. Hauptmann Ranef heiratete die einzige Tochter des Wesirs. Die Braut war sieben Jahre älter als er und, wie getuschelt wurde, „sieben Jahre an der Weisheit vorbeigegangen". Der glückliche Vater gab der Tochter einen reichen Brautschatz mit, der Pharao versprach den Neuvermählten einen Palast in Achet Chufu.
Die Hochzeitsfeier war das letzte große Fest in der Snofrustadt. Schon wenige Monate später würde Pharao Cheops seine Residenz nach Achet Chufu verlegen. Die wichtigsten Gebäude, hatte Prinz Hemiu gemeldet, würden termingerecht fertig sein.
Bis dahin leisteten nicht nur die Sklaven, sondern auch die Aufseher Schwerstarbeit. Manchem Antreiber fiel am Abend die Peitsche aus er kraftlosen Hand.
Neues Unheil kam über Senti. Vor den Augen der entsetzten Mutter wurde sie von einer Giftschlange in den Fuß gebissen. Es geschah in einer der kurzen Zeitspannen, in denen die Kranke bei Bewusstsein war.
Scherit hatte ihr zu trinken gebracht. Senti war aufgestanden und hatte nach der Schale gegriffen. Da war das Reptil unter der Lagerstätte vorgeschnellt und hatte zugebissen.
Senti schrie und taumelte zurück. Die Viper verschwand so schnell, wie sie aufgetaucht war.
Baket und Hiram stürzten in die Kammer. Der Schrei

hatte sie alarmiert. Scherit berichtete, was geschehen war. „Hol den Arzt", sagte Hiram zu Baket. Dann sah er Sentis Fuß an. Die Bissstelle war geschwollen. „Beiß die Zähne zusammen, Senti", sagte er. „Es wird ein bisschen weh tun."
Bevor die Kranke begriff, was ihr geschah, schrie sie schon wieder. Mit raschem Messerschnitt hatte der Diener die Bisswunde erweitert. Jetzt saugte er das Gift heraus und spuckte es auf den Fußboden. Das tat er dreimal. Senti lag ohnmächtig.
Als Baket mit dem Arzt zurückkehrte, lobte dieser den Diener. „Wahrscheinlich hast du dem Mädchen das Leben gerettet", sagte er. Dann schüttelte er den Kopf und meinte: „Da war jedoch noch mehr Glück dabei. Wenn ich den Fuß richtig ansehe, scheint es mir, als hätte die Viper nur wenig Gift verspritzt. Vermutlich hat sie kurz vorher schon einmal zugebissen. Ich muss die Wunde nicht ausbrennen." Er legte einen kühlenden Verband auf und versprach, am nächsten Morgen wiederzukommen.
Die ganze Nacht über wurde Senti von Fieberschauern geschüttelt. Erst in der Morgendämmerung schlief sie erschöpft ein. Der Arzt kam wieder, zeigte sich zufrieden und verordnete weitere kühlende Umschläge.
Dann geschah das Unerwartete.
Die Röte des verunstalteten Gesichtes verblasste von Tag zu Tag mehr, die hässlichen Flecken schrumpften zusammen. Immer häufiger verließ Senti ihre Lagerstätte und ging in der Kammer auf und ab.
Nach drei Wochen waren nur mehr kleine Narben übriggeblieben. In wenigen Tagen verblichen sie zu kaum merklichen Pünktchen. Ein Hauch syrischen Puders machte sie unsichtbar.

„Es liegt am Schlangengift“, erklärte der Arzt. „In kleinen Mengen heilt es. Sentis Krankheit hat auf dieses Gift angesprochen.“
Dazu schüttelte Baket den Kopf. „Es ist ein Wunder“, behauptete sie. „Ein Wunder gnädiger Götter.“
Der Arzt widersprach ihr nicht.
Ohne Scheu betrachtete sich Senti wieder in dem großen polierten Kupferspiegel, und jedes Mal flüsterte sie: „Danke, Sedech.“ Sie war überzeugt, dass nur sein Amulett sie geheilt hatte. Sie trug es weiterhin und legte es auch nachts nicht ab.
Die Kunde von der Wunderheilung flog durch die Snofrustadt. Fast alle Gäste von ehemals strömten in das Haus der Herrschaften zurück. Sie beglückwünschten Senti und ihre Mutter und überreichten Geschenke.
Hauptmann Ranef kam nicht. An dem Abend, an dem er von Sentis Genesung erfuhr, zerstritt er sich mit seiner Gemahlin wegen einer Lappalie. Sie gab ihm seine Grobheiten zurück, warf ihm eine Melone an den Bauch und griff nach einer brennenden Fackel.
Da trat der Gardehauptmann den Rückzug an.
Am nächsten Morgen wurde von Nachbarn erzählt, dass in Ranefs Haus „die Fetzen geflogen“ seien.
Spöttische Blicke trafen den Hauptmann. Damit nicht genug: Die Kunde vom Ehekrach der Jungvermählten drang auch zum Wesir, zu Hetepheres und dem Pharao.
Ranef steckte einen Rüffel der Königsmutter ein, eine grimmige Zurechtweisung seines Schwiegervaters und die Missbilligung des Herrschers. „Ein Hauptmann meiner Garde lässt sich von seiner Gemahlin nicht mit Granatäpfeln bewerfen!“, tadelte Cheops.
„Verzeih, Erhabener“, verteidigte sich Ranef, „es war eine Melone.“

„Umso schlimmer", zürnte der Pharao. „Mach dich nie wieder zum Gespött des gemeinen Volkes und deiner Krieger! Noch ein einziges Mal, und du bist die längste Zeit Hauptmann gewesen!"
Während der nächsten Wochen begegnete Ranef seiner Gemahlin mit kühler Höflichkeit und schikanierte seine Krieger, dass jedem das Lachen verging.

Der Hinker

Die Jahresfrist, die Pharao Cheops seinem obersten Baumeister Hemiu gesetzt hatte, ging dem Ende zu.
Der Bau der Pyramide zeigte deutliche Fortschritte. Zum zweiten Mal hatten sich freiwillige und zwangsverpflichtete Bauern während der Überschwemmungszeit am Grabmal des Cheops abgeplagt; zusammen mit den Arbeitssklaven, deren Zahl auf zwölftausend erhöht worden war.
Nun tauchten die Felder wieder aus dem Wasser, der fruchtbare Nilschlamm dampfte in der Sonnenwärme. Die Bauern kehrten von der Pyramide auf ihre Felder zurück.
In Achet Chufu standen der Königspalast, der Tempel des Ptah, die wichtigsten Verwaltungsgebäude und einige Häuser der Vornehmen fast fertig. Am Nilufer hatten Fischer, kleine Handwerker und Bauern niedrige Häuser und Hütten aus getrockneten Schlammziegeln gebaut und mit Schilf gedeckt.
Überall war hektisches Treiben. In zehn Tagen wollte Pharao Cheops aus der Snofrustadt nach Achet Chufu übersiedeln. Zwei himmelskundige Priester hatten den zehnten Tag von heute an als den günstigsten

Zeitpunkt für den Residenzwechsel aus den Sternen gelesen.
„Zehn Tage verwehen im Flug", sagte Prinz Hemiu. Er kontrollierte jede Baustelle, trieb an, lobte und tadelte. Seine ständigen Begleiter waren der Oberschreiber Sesostris und dessen Adoptivneffe Sedech. Sie erledigten den „Schreibkram".
Sedech war seinem Meister eine wertvolle Hilfe. Er nahm ihm Schreibarbeiten ab, rührte die Tusche an, schnitt Rohrfedern zurecht und sorgte dafür, dass Papyri und Schreibtafeln immer zur Hand waren.
Spät am Abend, wenn selbst die Sklaven schliefen, ging der Unterricht weiter. Dann war Sesostris der Lehrer, Sedech der Schüler. In Schreiben und Lesen gab es noch viel zu lernen. Nicht umsonst studierten angehende Schreiber in den Tempelschulen drei und mehr Jahre lang.
Sesostris war überzeugt, dass Sedech es schneller schaffen werde. Der junge Mann bemühte sich sehr.
Siebzehn Jahre und zwei Monate alt war Sedech geworden. Er war hochgewachsen, kräftig und schlank. Die Schwielen an den Händen hatte er verloren, die verträumten Augen behalten. Dabei war er kein Träumer mehr. Die Phantasiewelt von früher hatten die Antreiber im Steinbruch zerstört.
Am neunten Tag vor der Ankunft des Pharaos erfuhr Sedech von Sentis Krankheit und Heilung. Ein Schreiber aus der Snofrustadt, der Sesostris besuchte, erzählte davon. Sedech erschrak und atmete auf.
„Die meisten Leute glauben an ein Wunder", erzählte der Gast. „Andere behaupten, das Schlangengift sei heilsam gewesen. Senti sagt, ein Amulett habe sie geheilt."

Mein Amulett, dachte Sedech. Er schloss die Augen und lächelte.
Die Stimme des Meisters schreckte ihn auf. „Was meinst du dazu, Sedech?“, fragte Sesostris. „Wunder, Gift oder Amulett?“
„Vielleicht alles zusammen“, antwortete der junge Mann vorsichtig.
„Das denke ich auch“, sagte der Gast. Dann rückte er mit einer weiteren Neuigkeit heraus: „Hauptmann Ranef hat die Tochter des Wesirs geheiratet. Sie machte ihn zum reichen Mann. Dazu möchte er mit Hilfe seines Schwiegervaters in zwei oder drei Jahren Oberbefehlshaber aller ägyptischen Streitkräfte werden.“ Der Schreiber zuckte die Achseln. „Schön ist es nicht von ihm. Alle wissen, wie sehr er in Senti vernarrt ist. Als es hieß, dass sie für immer entstellt sei, nahm er die andere.“

„Das ist gut“, sagte Sedech leise.
Sesostris nickte ihm zu. „Ja, es ist gut. Übrigens denke ich, dass die Götter nicht nur ein Wunder getan, sondern auch Zeichen gegeben haben. Sie haben zwei Vipern geschickt; die erste, Sedech, zu mir und dir, die zweite dem Mädchen. Ist Sentis Amulett nicht von dir?“
„Wieso – weißt du das?“, stotterte der junge Mann.
Sesostris schmunzelte. „Ich wusste es nicht, aber du hast es mir bestätigt.“

Hektisches Treiben herrschte auch in der Snofrustadt. Der Pharao, seine Familie, der Hofstaat, Priester, Beamte und andere vornehme und reiche Leute bereiteten sich auf die Übersiedlung nach Achet Chufu vor. Nilbarken und Transportschiffe wurden zusammengeholt, instand gesetzt und mit allem beladen, was nicht zurückbleiben sollte.

Auch Händler und Handwerker wollten dem Pharao folgen. Wer kein eigenes Boot besaß oder keinen Platz auf einem anderen fand, belud Lastesel, um auf dem Landweg in die neue Residenz zu reisen.
Zurück blieben die meisten Bauern und Fischer und die Priester, die den Totentempel des verewigten Pharaos betreuten. Sie nahmen die Opfer entgegen, die dem zum ewigen Gott gewordenen Snofru von den Untertanen aus der Umgebung gebracht werden mussten, sammelten Spenden und bewachten Snofrus Pyramide. Zehn Sklaven sorgten für die Bequemlichkeit der „Hüter des Heiligtums", wie die Snofrupriester genannt wurden.
Das Durcheinander in der Snofrustadt machte sich allerlei Gesindel zunutze. Diebe schlüpften in Räume, die kurze Zeit leerstanden, und stahlen, was ihnen in die Hände fiel.
Die Bestohlenen beschwerten sich beim Wesir. Dieser ließ verkleidete Stadtwächter ausschwärmen.
Sie ertappten einen Dieb, der sich mit Beute aus dem Staub machen wollte. Als sie ihn anriefen, versuchte er zu fliehen; doch weil er stark hinkte, lief er nicht schnell genug.
Die Verfolger kamen rasch näher.
Er warf ihnen sein Bündel vor die Füße, aber die Wächter ließen sich nicht aufhalten. Auf halber Strecke zum Nil fassten sie ihn.
Kurz darauf stand er vor Gericht.
Der Wesir selbst führte den Vorsitz. Um ein abschreckendes Beispiel zu geben, führte er die Verhandlung auf dem freien Platz vor seinem Palast durch. Ausrufer trommelten das Volk zusammen.
Hinter den Fenstern des Königspalastes sahen und

hörten die königliche Gemahlin Meritites, die Königsmutter Hetepheres und einige Hofdamen zu. Pharao Cheops hatte von der Verhandlung erfahren. Es war jedoch unter seiner Würde, dem Prozess gegen einen kleinen Dieb beizuwohnen.
„Wer bist du?", fragte der Wesir den Gefangenen so laut, dass alle es hörten.
Bevor der Dieb antworten konnte, rief ein Mann aus der Menge: „Er ist es! Er hat die Schenke angezündet!"
Unruhe kam auf.
„Ruhe!", befahl Hauptmann Ranef, der zur Linken seines Schwiegervaters saß.
„Ruhe!", rief auch der Priester zur Rechten des Wesirs.
„Er ist es!", wiederholte der Mann in der Menge.
Der Wesir befahl ihm vorzutreten. Gerichtsdiener machten ihm den Weg frei.
„Wer bist du?", erkundigte sich der Wesir. „Und was weißt du über den Angeklagten?"
Der Mann nannte seinen Namen und erzählte: „Ich sah den Kerl vor mehr als einem Jahr; damals, als die Schenke des Vergessens brannte. Er lag hinter dem Haus und starrte ins Feuer. Als er mich kommen sah, sprang er auf und lief zum Nil. Ich rannte ihm nach und sah, dass er hinkte. Als ich ihn beinahe eingeholt hatte, sprang er in ein Bot und ruderte davon." Der Mann hob die Stimme: „Er hat die Schenke angezündet, darauf geb' ich mein Wort!"
„Lüge!", rief der Gefangene. „Nichts als Lüge! Und gestohlen hab' ich auch nicht! Ich wollte mein Bündel zum Schiff tragen!"
„Warum hast du es weggeworfen, als du verfolgt wurdest?", fragte der Priester.
„Ja, warum denn?", spottete Hauptmann Ranef.

Der Angeklagte schwieg.
„Gestehst du freiwillig, oder sollen wir dich zwingen?“, fragte der Wesir.
Der Gefangene fiel auf die Knie. „Nicht zwingen!“, rief er erschrocken. „Ich – ich gestehe!“
„Na also“, sagte Ranef.
„Sprich!“, befahl der Priester.
Der Beklagte gestand den Diebstahl und die Brandstiftung.
Auf die Frage, warum er die Schenke des Vergessens angezündet hatte, antwortete er: „Der Sohn des Wirtes hatte mich einige Tage vorher hinausgeworfen. Ich war betrunken und hatte ein bisschen Krach gemacht.“
„Er meint Sedech, den Stiefsohn des Schankwirtes Dag“, erklärte Ranef dem Priester.
Der Beklagte redete weiter: „Für den Hinauswurf wollte ich mich rächen. Dieser Knabe, dachte ich, darf doch einen Mann wie mich nicht ungestraft auf die Straße setzen!“
Eine Frau sagte etwas von einem Zeichen des Seth. Die Leute murrten, einige stießen Verwünschungen aus.
„Was soll das?!“, rief der Wesir unwillig.
Die Frau trat vor. Es war Scherit, die Wirtin des Hauses der Herrschaften. Alle erkannten sie. Das Murren hörte auf, die Menge lauerte gespannt.
Scherit sprach laut: „Der Brand der Schenke sei ein Zeichen des Seth, hieß es damals. Der Gott selbst habe das Feuer vom Himmel geschleudert, um den einarmigen und einäugigen Dag als Grabräuber zu entlarven.“
Sie wandte sich an die Leute. „War es so?“
Viele stimmten ihr zu: „So war es.“
„So wurde es auf Befehl von oben bekanntgegeben!“, rief ein Mann.

Die Aufregung nahm zu. Die Krieger zu beiden Seiten der Richter packten die Speere fester.
Scherit fuhr fort: „Dag wurde zu Sklavenarbeit in einem Bergwerk verurteilt." Sie wies auf den Angeklagten. „Nun hat dieser Verbrecher die Brandstiftung gestanden. Was folgt daraus?"
„Dass es nicht Seth war!", rief eine Frau.
„Dass Unschuldige verurteilt wurden!", schrie ein Erboster. „Dag, sein Weib und sein Stiefsohn!"
„Unschuldige!", kreischten andere. Fäuste wurden geballt.
Zu spät erkannte der Wesir, dass die öffentliche Verhandlung gegen den kleinen Dieb ein großer Fehler war. Die Richter steckten die Köpfe zusammen und tuschelten miteinander. „Bloß keine Handgreiflichkeiten", warnte der Priester. „Sie wären ein schlechtes Omen für die Übersiedlung nach Achet Chufu."
Die Unruhe wuchs.
Hauptmann Ranef stand auf und hob die Hand. Langsam verebbte der Lärm.
Der Wesir verkündete das Urteil: „Der Angeklagte ist des Diebstahls und der Brandstiftung schuldig! Im Namen des Pharaos verurteilt ihn das Gericht zur Zwangsarbeit in einem Bergwerk des Sinai!"
Einige Leute murmelten beifällig. „Und Dag, sein Weib und sein Sohn?!", rief jemand.
„Dags Stiefsohn Sedech hat sein Leben im Dienste des Pharao geopfert", erklärte der Wesir. „Hauptmann Ranef wird es bezeugen."
Ranef schwieg.
„Bezeug es", flüsterte ihm der Wesir zu.
„Den Zwangsarbeiter Sedech gibt es nicht mehr", erklärte der Hauptmann.

Scherit widersprach nicht. Auch Senti, die in der Menge stand, schwieg.
Das Gemurmel steigerte sich zum Lärm. Geballte Fäuste wurden hochgestoßen. Die Krieger fällten die Speere.
Der Priester sprang auf, streckte die Hände vor und rief: „Das Gericht wird den göttlichen Pharao um Gnade für Dag und sein Eheweib bitten!"
„Nicht um Gnade, sondern um Gerechtigkeit!", schrie ein Mann aus der Menge heraus.
„Gerechtigkeit!", lärmten viele.
Ranef befahl, den Schreier festzunehmen. Vier Krieger stürmten auf die Leute zu. Nur zögernd wichen diese zurück. Als die Bewaffneten an die Stelle kamen, wo der Schreier gestanden war, fanden sie ihn nicht. Und niemand wusste, wie er hieß und wo er hauste.
Der Protest schlug in Gelächter um.
„Führ den Verurteilten ab!", zischte der Wesir seinem Schwiegersohn zu.
Ranef ließ den Dieb in dieselbe Zelle werfen, in der einst Dag eingeschlossen war.
Der Wesir und der Priester zogen sich eiligst zurück. Krieger schirmten den Palast ab.
Die Menge blieb. Immer mehr Leute kamen dazu. Die Vorbereitungen zur Übersiedlung stockten.
Die Zeit verrann, die Spannung stieg.
Endlich!
Weithin hallende Gongschläge rollten aus dem Palast. Vor dem Portal erschien ein Ausrufer. Er entrollte einen Papyrus, räusperte sich und las mit lauter Stimme: „Ruhm und Verehrung dem göttlichen Pharao!"
„Ruhm und Verehrung", murmelten einige.

Der Ausrufer fuhr fort: „Der Pharao ist ein Gott, und Götter irren sich nie! Der Pharao ist aber auch ein gnädiger Gott! Seine Gnade ergießt sich heute über Dag und dessen Eheweib Baket. Auf die Bitte des hohen Gerichtes und auf die Fürsprache seiner erhabenen Mutter Hetepheres entlässt der göttliche Cheops den Schankwirt Dag und dessen Eheweib aus der Sklaverei! In übergroßer Gnade schenkt er ihnen die Freiheit! Der heute verurteilte Dieb und Brandstifter wird an Dags Stelle Zwangsarbeit verrichten! Ruhm und Verehrung dem Pharao!"

Der Ausrufer verschwand im Palast, und die Menge zerstreute sich.

Baket schluchzte, als Scherit ihr von dem Freispruch erzählte. „Ich werde sie wiedersehen", sagte sie unter Tränen. „Ich werde sie wiedersehen. Dank den gnädigen Göttern."

„Was wirst du tun?", erkundigte sich Scherit.

„Du hast mich nie als Sklavin behandelt", antwortete Baket. „Wenn du erlaubst, werde ich in deinem Hause so lange weiterarbeiten, bis Dag zurückkehrt. Dann soll er entscheiden, was wir tun."

„Bleib, solange es dir bei uns gefällt", sagte Senti.

„Solange es dir gefällt", sagte auch Scherit.

Am nächsten Morgen schickte sie einen Eilboten nach Achet Chufu. Sedech sollte die frohe Botschaft so schnell wie möglich erfahren.

Das Wiedersehen

Prinz Hemiu, der oberste Baumeister des Pharaos, sonnte sich in der Gnade des göttlichen Oheims. Die libyschen Sklaven und die Bauern, die von der Pyramide zur Stadt gekommen waren, hatten es geschafft. Zwei Tage, bevor die von Cheops gestellte Frist abgelaufen war, hatte der Prinz die oberste Treppenstufe zum Aufgang des Königspalastes mit einem Palmwedel saubergefegt. Es war eine symbolische Handlung: Der oberste Baumeister legte letzte Hand an den Palast. Mit dieser Geste vollendete er das Werk, das andere unter Flüchen und Peitschenhieben getan hatten. Dreiundzwanzig Sklaven waren umgekommen. „Erfreulich wenige", stellte Hemiu fest und befahl seinem Oberschreiber Sesostris, dies auf Papyrus für die Ewigkeit festzuhalten.
Sedech notierte den Befehl auf einem Schreibtäfelchen. Dazu murmelte er „zu viele" vor sich hin.
Nun stand die neue Residenz: der königliche Palast, der Tempel des Ptah, die Paläste für Vornehme, Häuser für Beamte und Händler, Werkstätten für Handwerker, das Haus der Herrschaften und sogar eine Hafenkneipe, die für die Schenke des Vergessens gebaut worden war. Sie hieß „Zum Nilpferd".
Es war eine kleine Stadt, doch allen gefiel sie.

„Die Stadt des göttlichen Cheops
überstrahlt die des göttlichen Snofru,
wie die Sonne den Mond überstrahlt.
Lob sei Prinz Hemiu, dem Meister",

dichtete ein Poet. Der Prinz belohnte ihn mit Wein, der sich nicht in Wasser verwandelte.
In festlich geschmückten Schiffen reisten Pharao

Cheops, die königliche Familie, der Wesir, der Hofstaat und Ptahpriester an. Ihnen folgte die Flotte der anderen. Auf einem gemieteten Handelsschiff fuhren Scherit, Senti, Baket und alle Bediensteten des Hauses der Herrschaften. Auf dem Landweg trottete eine Eselkarawane nordwärts.

Hauptmann Ranef kommandierte die Kriegsboote, die Leben und Gut des göttlichen Cheops und seines Gefolges beschützten.

Wieder hatte Prinz Hemiu einen festlichen Empfang vorbereitet. Selbst von weit her hatte er Männer, Frauen und Kinder zum Jubeln befohlen. Die Musik war auf fünfzig Spielleute verstärkt, und auf dem freien Platz hinter dem Hafen warteten Tänzerinnen und Tänzer, um den Göttlichen willkommen zu heißen.

Hemiu hatte Bier ausschenken und Süßigkeiten verteilen lassen. So gab es meist frohe Gesichter.

Auch Sedech freute sich. Mutter Baket und Dag waren freigesprochen, und der Stiefvater würde bald aus dem mörderischen Sinai zurückkehren! Der Oberschreiber Sesostris freute sich mit.

Die Schiffe kamen in Rufweite, die Musik dröhnte los. Die Jubler schwenkten Palmwedel und riefen Willkommensgrüße.

Alles lief bestens.

Der Pharao lobte seinen „geliebten Neffen Hemiu", weil er die Baufrist eingehalten und den Empfang so großartig gestaltet hatte.

Die Jubler verliefen sich rasch. Sie zechten in den Zelten weiter, die geschäftstüchtige Wirte aus Gizeh am Rande der Residenz aufgestellt hatten.

Es gab eine herzliche Begrüßung zwischen Sedech und seiner Mutter, eine ehrerbietige zwischen Sedech und

Scherit und eine – was den jungen Mann betraf – etwas verlegene mit Senti.
„Du bist groß geworden“, sagte sie lächelnd.
„Du auch“, murmelte er. „Und von der Schlange – ich meine von dem Schlangengift und von dem anderen ist nichts mehr zu sehen. Du bist …“ Er zuckte die Achseln und sah an ihr vorbei.
„Was bin ich denn?“, fragte sie.
„Noch“, sagte er, zögerte wieder und meinte: „Ach nichts.“
Sie blieb hartnäckig. „Noch ach nichts gibt es nicht“, sagte sie. „Sag schon, was ich noch bin.“
Sedech schluckte verlegen.
Da erbarmte sich der Oberschreiber. „Lieber Neffe“, sagte er, „du brauchst dich nicht minderwertig zu fühlen. Du bist Schreiber und wirst wahrscheinlich einmal Oberschreiber werden. Da darfst du der jungen Dame ohne Scheu verraten, was du mit dem Wörtchen ‚Noch‘ meinst.“
Senti strahlte Sesostris an. „Danke, Meister“, flüsterte sie, dann stupste sie Sedech an. „Jetzt sag schon, was ich noch bin!“
„Noch hübscher als vorher“, antwortete Sedech leise, weil nur Senti es hören sollte.
Sie strahlte, kniff ihn in die Nase und nannte ihn: „Lieber Sedech.“
„Danke“, murmelte er, weiter fiel ihm nichts ein, aber er strahlte wie sie.
Frau Scherit lud den Oberschreiber Sesostris und Sedech zu einer kleinen Feier in das neue Haus der Herrschaften ein. „Es ist noch nicht eingerichtet“, sagte sie. „Doch unter Freunden werden wir uns auch über Behelfsmäßiges freuen. Lassen wir uns überraschen.

Hiram ist mit den Sklaven vorausgereist. Ich denke, dass wir nicht vom Fußboden speisen müssen."
Hiram und die Sklaven hatten rasch gearbeitet. Der Schankraum war fast vollständig eingerichtet.
Baket bereitete ein kleines Abendessen zu. Allen schmeckte es vorzüglich. Dazu gab es den besten Wein, den Scherit Hauptmann Ranef verweigert hatte.
Senti saß neben Sedech. Sie schenkte ihm den Becher randvoll. „Trink", flüsterte sie. „Dieser Wein macht alles schöner. Das sagen viele Männer, die bei uns zu Gast waren."
Sedech schüttelte den Kopf. „Ich möchte nicht, dass ich durch Weindunst sehe", sagte er. „Ich mag dich so, wie du bist." Dann schnaufte er erleichtert, dass er es ohne Stottern gesagt hatte.
„Du bist lieb", schwärmte Senti.
Ausgerechnet jetzt störte Mutter Scherit! „Meister Sesostris hat seinen Becher geleert", sagte sie. „Füll bitte nach."
„Gern", log Senti, dann strahlte sie schon wieder.
„Sedech ist begabt, doch sehr schüchtern", hatte ihr der Oberschreiber beim Einschenken zugeflüstert.
„Aber du machst es richtig."

Am Tag darauf legte Pharao Cheops seinem geliebten Neffen und genialen Baumeister Hemiu eine goldene Kette um den Hals. Dann ließ er ihn in Bienenhonig aufwiegen.

Neun Tage später meldeten Boten aus dem Sinai dem Pharao, dass es in einem der Kupferbergwerke einen Sklavenaufstand gegeben habe. Die Anführer seien ein gewisser Samut gewesen und ein Mann namens Dag.

Beide hätten sich bis zuletzt gewehrt und erschlagen lassen, statt sich – wie die anderen – zu ergeben. Dag habe nur einen Arm gehabt, doch damit dreingehauen wie Samut mit zwei Armen. Auf Befehl des Bergwerkskommandanten seien ihre Körper unbestattet in der Wüste liegengeblieben, wie es Verbrechern gebührt …
Die Wächter, die den verurteilten Hinker an Dags Stelle bringen sollten, waren in einem nahen Seitental an den Unglücksboten vorbeigegangen.

Hilfe für Dag?

Eine Botin der Königsmutter Hetepheres berichtete Scherit von Dags Tod. Sie musste laut reden, denn aus dem Gastraum des neuen Hauses der Herrschaften drang Lärm. Die Tür des Privatgemachs, in dem sich die beiden Frauen unterhielten, stand einen Spaltbreit offen.
War es Zufall oder Wille der Götter, dass auch jetzt Baket draußen vorüberging? Sie hörte den Namen ihres Mannes und blieb stehen. Ob die Botin aus dem Palast Dags Rückkehr ankündigte? Baket horchte und hörte das Schreckliche.
Dag erschlagen, sein Körper den Geiern überlassen! Das bedeutete nicht nur die Zerstörung des Leibes, sondern Verdammnis in alle Ewigkeit!
Diesmal schrie Baket nicht. Sie biss sich die Lippen blutig, hielt sich mit Gewalt aufrecht und taumelte in ihre Kammer.
Als Scherit zu ihr kam, sagte sie: „Du brauchst mir nichts zu erzählen, ich hab's gehört. Die Götter sind unmenschlich."

„Du sollst wissen, dass du bei mir zu Hause bist", sagte Scherit. „Ich bitte dich zu bleiben." Trostworte sagte sie nicht, sie fand keine.
„Weiß es Sedech?", fragte Baket.
Scherit zuckte die Achseln. „Der Oberschreiber könnte es ihm gesagt haben, aber ich weiß es nicht."
„Auf ewig verdammt", stöhnte Baket. Dann schüttelte sie das Schluchzen, und endlich konnte sie weinen. Scherit weinte mit ihr.

Sedech erfuhr es von Sesostris. Er bemühte sich, tapfer zu sein. „Die Götter sind gnädig", spottete er mühsam. „Sie lassen hoffen, bevor sie verderben."
„Hoffnung gibt es immer", sagte Sesostris.
Sedech schüttelte den Kopf. „Hoffnung? Auch für Dag, dessen Leib in der Wüste verdirbt?"
Sesostris nickte. „Auch für ihn, das beweisen die Götter. Erinnere dich an das Geschehen um Seth, Osiris und Isis."
„Ich weiß, was geschah", sagte Sedech. „Seth ermordete seinen Bruder Osiris, verstümmelte dessen Körper und vergrub die Teile im Wüstensand."
„Richtig", sagte Sesostris. „Dann sammelte Isis, die Gattin des Getöteten, die Teile, fügte den Körper zusammen, und nach drei Tagen erwachte Osiris zu neuem Leben. Horus, beider Sohn, rächte die Untat an Seth. Horus, Isis, Osiris und Seth waren damals Menschen. Heute verehren wir sie als Götter."
„Und?", fragte Sedech. „Osiris lebt, obwohl sein Körper zerstört war", antwortete Sesostris.
„Isis fügte ihn wieder zusammen", wandte Sedech ein. „Meine Mutter Baket ist keine Isis, Dag kein Osiris. Wer sollte ihn für die Ewigkeit retten?"

Das Gespräch wurde unterbrochen. Der Türsteher meldete Besuch: „Drei Damen, Herr. Sie sagen, dass sie Bekannte seien. Entschuldige, dass ich sie nicht kenne. Ich bin neu in Achet Chufu und sah sie zum ersten Mal."
„Lass sie ein", befahl Sesostris, und Sedech bat er zu bleiben. „Wahrscheinlich kennst auch du die Damen", sagte er.
„Die Damen", meldete der Türsteher.
Es waren Scherit, Senti und Baket.
„Willkommen", sagte Sesostris. „Er weiß es."
Sedech umarmte seine Mutter.
Sesostris bat, Platz zu nehmen.
Sedech und Senti sprachen nicht miteinander. Sie suchten nach Worten und fanden die richtigen nicht. Das Gespräch unter den Erwachsenen schleppte sich mühsam dahin.
Baket sprach aus, was alle bedrückte: „Auf ewig verdammt, und niemand kann helfen." „Doch", sagte Scherit plötzlich. „Wieso fällt es mir erst jetzt ein?"
Sedech sprang auf. „Hilfe für Dag?", stieß er hervor.
Baket schüttelte den Kopf. „Es gibt keine."
„Dedi", sagte Scherit.
„Dedi", wiederholte Sesostris nachdenklich. „Der Magier. Ich hörte, dass er selbst Götter beschwören könne."
„Er kann es", bestätigte Scherit. „Damals, als es um die Grabräuber ging, beschwor er den schrecklichen Seth."
„Und trug dazu bei, dass Dag verurteilt wurde", sagte Baket. Scherit wiedersprach ihr: „Nein. Der Mann, der im Feuer erschien, war nicht einarmig wie Dag. Das weiß ich von Hetepheres. Nur der Pharao behauptete es, um einen Schuldigen zu haben. Dedi konnte ihm

nicht widersprechen. Er war schon abgereist, als Dag beschuldigt wurde."
„Wenn er den schrecklichen Seth beschworen hat, wird er wohl auch den Totengott Osiris beschwören können", meinte Sesostris.
„Wozu", murmelte Baket.
„Wir sollten es versuchen", meinte Senti.
Sedech nickte ihr zu.
„Ich werde mich erkundigen, wo Dedi zu finden ist", sagte Sesostris. „Dann reisen Sedech und ich mit dem ersten Schiff, das nilaufwärts fährt." „Hoffentlich lebt er noch", meinte Scherit. „Er ist uralt."
„Sein Tod hätte sich herumgesprochen", sagte Sesostris.
Senti reichte Sedech das Amulett, das er ihr geschenkt hatte. „Es hat mir geholfen", flüsterte sie. „Nimm du es jetzt. Es soll dir bei dem Magier helfen. Wenn alles gutgegangen ist, gibst du es mir zurück."
„Danke", sagte Sedech, und zum ersten Mal lächelten sie an diesem Tag.

Bei Sonnenaufgang verließ das Schiff den Hafen von Achet Chufu. Noch vor Sonnenuntergang kamen Sesostris, Sedech und ein Sklave des Oberschreibers zu Dedi.
Der alte Zauberer lag vor seinem Haus auf einer Matte und genoss die letzten Sonnenstrahlen. Ein Diener ölte ihm Schultern und Arme ein, ein anderer stutzte ihm die Zehennägel, ein dritter hockte neben ihm und blies ihm auf einer Rohrflöte etwas vor.
„Er sieht wie eine Mumie aus", flüsterte Sedech.
An der Kleidung der Besucher erkannte Dedi, dass Vornehme zu ihm kamen. Er erhob sich und hieß sie will-

kommen. Dabei bewegte er sich gelenkig, und seine Stimme war klar.
Sesostris stellte sich und Sedech vor.
Dedi befahl seinen Dienern, zwei Matten und Bier zu bringen. „Wir sollten den Abendsonnenschein im Freien genießen", schlug er vor und verzog die schmalen Lippen zu einem Lächeln. „Abends ist die Sonne freundlich." Sesostris stimmte ihm zu.
Der Alte zuckte die Achseln. „Leider bin ich ein armer Mann und kann euch nicht so bewirten, wie es euch gebührt", sagte der betrübt. „Zu einem Krug Bier reicht es jedoch." Auf einen Wink des Oberschreibers holte der Sklave gebratenes Fleisch, Brot, Feigen und Granatäpfel aus seinem Tragekorb.
Der alte Magier schnalzte mit der Zunge und rief den Segen der Götter auf den ehrenwerten Wohltäter herab. Während der Mahlzeit erkundigte er sich nach dem Grund des Besuches.
„Mein Neffe Sedech und ich möchten unbelauscht mit dir sprechen", sagte Sesostris.
„Gehen wir ein Stück in die Wüste", schlug der Alte vor, „dort hören uns nur Steine und Sand. Sie sind verschwiegen." Er ging voraus, Sesostris und Sedech folgten ihm. Die Diener des Magiers und der Sklave des Oberschreibers blieben zurück.
Der untere Rand der Sonnenscheibe berührte den westlichen Horizont. „Es ist die rechte Zeit zum Sprechen", sagte der Alte. „Ich höre."
Sedech und Sesostris erzählten, was sie bedrückte. Der Magier hörte aufmerksam zu. Hin und wieder stellte er Zwischenfragen.
„Hilf meinem Vater, großer Meister", bat Sedech. „Er ist unschuldig."

Dedi nickte. „Ich weiß es, junger Mann. Die Gestalt, die dem Pharao im Feuer erschien, hatte zwei Arme. Als dein Vater angeklagt wurde, konnte ich nicht widersprechen, ich war bereits abgereist. Von dem Urteil und Dags Tod hörte ich erst von euch."

„Hilf", bat auch Sesostris. „Oder übersteigt es deine Kräfte?"

„Es ist möglich", antwortete Dedi, „doch sehr gefährlich."

Sesostris streifte einen Goldreif von seinem Arm und reichte ihn dem Magier.

Die Miene des Alten hellte sich auf. Er erklärte, dass das Gold die Gefahr für ihn wesentlich verringere. „Für dich, Sedech", sagte er, „wird sie bleiben. Du wirst dein Leben einsetzen müssen."

Sedech zögerte keinen Augenblick. „Ich werde es tun", versprach er entschlossen.

„Könnte es vielleicht ein anderer an seiner Stelle?", erkundigte sich Sesostris.

„Nein", antwortete der Meister aller Magier. „Der nächste Verwandte muss es sein, wenn der Zauber gelingen soll."

„Ich werde es tun", wiederholte Sedech.

Dedi fuhr fort: „So wisst, dass ihr zum günstigsten Zeitpunkt gekommen seid. Heute ist die Nacht des Osiris. Seinen Schutz wird Sedech brauchen, wenn es soweit ist. Ihr werdet in meinem Hause übernachten." Er dämpfte die Stimme. „Um Mitternacht forme ich zwei kleine Figuren aus Ton, eine für Dag, die zweite für seinen Freund Samut. Dass sie den Toten gleichen, ist nicht nötig. Es genügt, dass ich die Namen Dag und Samut in den Ton einritze. Dann lege ich sie ins Mondlicht und spreche den Zauber über sie. Wenn

Osiris mir gnädig ist, werde ich sie dir, Sedech, am nächsten Morgen übergeben. Hüte sie wie deine Augäpfel. Alles Weitere hängt von dir ab.“ Sedech nickte stumm.

Der Alte fuhr fort: „Dass du die heiligen Zeichen beherrschst, betrachte als Gnade der Götter. Schreibe die Verdienste deines Vaters und seines Freundes auf kleine Papyri. Auch das darfst du als nächster Verwandter tun. Keinem anderen würden die Götter glauben. Schreib, dass Dag ein Freund des Pharaos ist; dass Cheops ihm das Recht zugesteht, im Lande des Westens in seiner Nähe zu sein, mit ihm zu speisen und zu trinken und an allen Freuden des Pharaos teilzuhaben. Für Samut schreibe, dass dieser der beste Freund des Dag sei und ihm in Ewigkeit so nahe bleiben darf wie Dag dem Pharao Cheops. Die Papyri roll zusammen, verbirg sie in den hohlen Tonfiguren und verschließe diese mit Wachs. Dann warte, bis Cheops zu den Göttern geht.“

Er dämpfte die Stimme zum Flüstern. „Wenn der Sarg mit der Mumie des Pharaos in die Pyramide getragen wird, musst du dabei sein. Stelle die Tonfiguren unbemerkt in nächster Nähe des Sarkophages ab. Solltest du dabei beobachtet werden, kostet es dich das Leben. Die Priester würden es dir als Gotteslästerung und Grabschändung auslegen.“

Er winkte ab, als Sesostris widersprechen wollte. „Wir wissen, das es weder Grabschändung noch Lästerung ist. Sedech macht an seinem Vater und dessen Freund nur gut, was Cheops nicht mehr gutmachen kann. Bis zum Tode des Pharaos müssen Dags und Samuts Seelen allerdings umherirren; erst dann dürfen sie Cheops in die Ewigkeit folgen.“

„Bis der Pharao stirbt, können dreißig und mehr Jahre

vergehen", wandte Sedech ein. „Was dann, wenn ich vor ihm sterbe?"

Der Meister aller Magier schloss die Augen. In seinem Gesicht zuckte es. Er murmelte Unverständliches, öffnete die Augen wieder und sah an Sedech vorbei. „Du wirst den Pharao überleben", prophezeite er mit fremder Stimme.

„Dürfen nicht auch mein richtiger Vater und Sentis Vater dabei sein?", fragte Sedech. „Ich meine, wenn Samut dabei sein darf …?"

Der Alte wehrte ab. „Nein. Sie sind nicht für Cheops, sondern für Snofru gestorben; nicht als Sklaven, sondern im Dienste des Gottkönigs. Selbst wenn ihre Körper nicht unversehrt erhalten waren, steht ihnen als Getreuen des Pharaos das Land des Westens offen. Wer sein irdisches Leben im Dienste des Gottkönigs verliert, lebt in der Ewigkeit weiter. Das lehren nicht nur die Priester, das haben mir die Götter in sieben Träumen gezeigt."

Die Sonne ging unter, es wurde kühl.

Dedi bat die Gäste in sein Haus. Sie sprachen nur noch wenig miteinander. Jeder war mit seinen Gedanken beschäftigt.

Der Magier bot Sedech und Sesostris einen Schlummertrunk, wie er sagte, und trank mit ihnen.

In der Nacht schliefen der Oberschreiber und sein Neffe traumlos und tief. Der Meister aller Magier hatte ihnen ein Schlafmittel in den Trank gemischt.

Zeitig am nächsten Morgen weckte er die Gäste. „Osiris war gnädig", sagte er freundlich. Dann überreichte er Sedech die kleinen Figuren. Sie waren aus gebranntem Ton und nicht größer als die Spanne zwischen Daumen und Zeigefinger.

„Die Figur, in die Dags Name geritzt ist, hat zwei Arme", wandte Sedech ein.
Der Alte nickte. „Im Lande des Westens wird er zwei Arme haben. Das ist im Zauber enthalten."
„Wird der verewigte Pharao Dag als seinen Freund anerkennen und ihn und Samut in seiner Nähe dulden?", erkundigte sich Sesostris. „Bestimmt", versicherte der Alte. „Im Lande des Westens gilt als wirklich, was in heiligen Zeichen auf Papyri geschrieben wurde; die Erinnerung an Irdisches gilt dort als Traum."
Zum Abschied legte er den Finger an die Lippen.
„Wir werden schweigen", versprachen die Gäste.
Und wieder hatten sie Glück. Als sie zum Nil kamen, erreichten sie ein Schiff, das nach Achet Chufu fuhr.

34 Jahre später

Die Zeit der Überschwemmung ging zu Ende. Die Felder tauchten aus dem Wasser. Fruchtbarer Schlamm bedeckte das Uferland.
Die Nacht war schwül. Moderige Dämpfe stiegen vom Nil und aus der Schlammschicht auf. Sie trieben den Schweiß aus den Poren und erschwerten das Atmen.
Es ging auf Mitternacht zu.
In Achet Chufu brannten nur wenige Lichter, doch viele Leute lagen wach. Sie fürchteten Unheil. Zur drückenden Schwüle war kurz vor Mitternacht ein seltsames Singen gekommen, als riebe sich Flugsand an den Mauern der Paläste, Häuser und Hütten. Dabei war kaum ein Lufthauch zu spüren.
Ob der göttliche Cheops zürnte? Götter waren unberechenbar. Sie konnten sich über Kleinigkeiten aufre-

gen, über die Menschen nicht einmal die Achseln zuckten.
Im Tempel des Ptah verbrannten Priester Räucherwerk zu Ehren des Göttlichen.
Vor hundert Tagen war Pharao Cheops „gestorben", wie ungebildete Leute sagten. Priester und Priesterärzte hatten seinen Leib für die Ewigkeit vorbereitet. Morgen sollte er in das mächtigste Grabmal überführt werden, das Menschenhände errichtet hatten.
Mattes Licht schimmerte aus dem Haus des königlichen Oberschreibers. Im Schein eines Öllämpchens saß Sedech auf einer Matte. Vor ihm standen auf einem niedrigen Podest zwei Tonfigürchen, die knapp so groß waren wie die Spanne zwischen Daumen und Ziegefinger. Der königliche Oberschreiber Sedech sah sie unverwandt an.
Die drückende Schwüle und das seltsame Singen betäubten die Sinne. Dazu kam eine geheimnisvolle Kraft, die von den kleinen Figuren ausging.
Sedech träumte mit offenen Augen.
Vierunddreißig Lebensjahre zogen an ihm vorüber. Er sah Menschen, die ihm begegnet waren, hörte sie sprechen und sprach mit ihnen. Er empfand vergangene Freude und fühlte vergangenen Schmerz: Da war der Magier Dedi. Sedech hörte ihn sagen: „Wenn der Sarg

mit der Mumie in die Pyramide getragen wird, musst du dabei sein. Stelle die Tonfiguren unbemerkt in der Nähe des Sarkophages ab. Solltest du dabei beobachtet werden, kostet es dich das Leben."

Und er hörte sich antworten. „Bis der Pharao stirbt, können dreißig und mehr Jahre vergehen. Was dann, wenn ich vor ihm sterbe?"

„Du wirst den Pharao überleben", hatte der Magier prophezeit. Sieben Tage später war er aus dem irdischen in das ewige Dasein gegangen. „Im Alter von hundertelf Jahren", behaupteten seine Diener.

Vierunddreißig Jahre war das her; eine lange Zeit, die jetzt – so schien es dem königlichen Oberschreiber – viel zu rasch verflogen war.

Sedech erinnerte sich weiter.

Achet Chufu war sein Zuhause geworden, Mutter Baket bei Scherit im neuen Haus der Herrschaften geblieben. „Solange ich arbeiten kann, arbeite ich", hörte er sie sagen. „Was sollte ich bei dir? Du lernst noch, da wär' ich dir nur im Wege."

„Dann später", hörte er sich antworten.

Er sah, wie sie abwinkte. „Später wirst du heiraten. Dann werd' ich mich freuen, wenn ich dir und deiner Familie als Besuch willkommen bin."

Und da war der Oberschreiber Sesostris. Sedech sah ihn deutlich vor sich. Der Meister von damals schenkte seinem Adoptivneffen nichts. Er war ihm ein strengerer Lehrer als die Priester in den Tempelschulen ihren Schülern. Dazu spannte er ihn Tag für Tag in die praktische Arbeit ein.

Prinz Hemiu übertrug Sesostris und dessen Untergebenen sämtliche Schreib- und Rechenarbeiten, die mit dem Bau der Cheopspyramide zusammenhingen.

Jeden zweiten Tag war der Schüler Sedech mit dem Meister auf der riesigen Baustelle. Während er aufschrieb, was Sesostris diktierte, beobachtete er immer wieder die Männer, die das gigantische Grabmal errichteten.
Er bewunderte sie und schauderte vor ihrem Elend zurück. Er, der selbst Zwangsarbeiter gewesen war, sah in den Bausklaven gepeinigte Menschen. Von den Antreibern wurden sie wie Tiere behandelt.
Die Pyramide wuchs langsam. Nach drei Jahren Bauzeit wurden die schweren Quader aus weit und weiter entfernten Steinbrüchen herbeigeschafft. Transportschiffe wurden eingesetzt. Das Be- und Entladen forderte Opfer. Einmal wurden Sedech und Sesostris Augenzeugen: Als ein Steinblock über ein Gerüst an Land gehievt werden sollte, verließen die Sklaven die Kräfte. Das Zugseil entglitt ihnen. Der Quader polterte zurück. Es gab einen Toten, zwei Verletzte, ein leckgeschlagenes Schiff und Peitschenhiebe für die Sklaven.
Im Namen des Pharaos! dachte Sedech. Wenn der das ewige Leben verdient, verdient es mein Stiefvater erst recht!
Mit Senti war es eine schöne Zeit. Aus der Mädchenschwärmerei, wie Mutter Scherit einmal gesagt hatte, war mehr geworden. Sie trafen immer nur für kurze Zeit zusammen, da Sedech von Sesostris, Senti im Haus der Herrschaften von Mutter Scherit streng herangenommen wurden.
Dem Hauptmann Ranef bekam Achet Chufu weniger gut. Er betrank sich immer häufiger. „Weil er mit seiner Frau nicht zurechtkommt", tuschelten die Leute. „Weil er einer Jugendliebe nachtrauert", munkelten andere.

Dass ihm sein Schwiegervater, der Wesir, schwere Vorwürfe machte, half nichts. Die Drohung des Pharaos, ihn aus der Garde auszuschließen, half nur für kurze Zeit. Eines Tages verschwand er spurlos.
„Besoffen in den Nil geplumpst und ersoffen", behauptete ein Fischer aus Gizeh.
Die Witwe lebte, wie vorgeschrieben, sieben Monate lang zurückgezogen; dann heiratete sie den Leibarzt der Königsmutter Hetepheres. An seinem einundzwanzigsten Geburtstag wurde Sedech von Sesostris freigesprochen. „Du warst mein Schüler", sagte der Meister, „nun sei mein Mitarbeiter."
Mutter Baket strahlte über das ganze Gesicht. „Dass ich das noch erleben darf", sagte sie immer wieder. „Dass ich das noch erleben darf!"
Ganz besonders freute sich Senti.
„Wann heiraten wir?", fragte Sedech.
„Am liebsten sofort!", rief sie fröhlich.
Vier Wochen später wurden sie Mann und Frau, nach einem Jahr eine richtige Familie. Senti schenkte einem gesunden Knaben das Leben. Sie nannten ihn Dag.
Die Pyramide wuchs. Je höher sie stieg, desto längere Rampen mussten aufgeschüttet werden, umso härter wurde die Arbeit der Sklaven. Acht Mann zogen und schoben je einen Schlitten mit einem der mächtigen Steinblöcke darauf schräg nach oben, wo er von anderen mit Hebelhölzern an seinen Platz gerückt wurde. Die Auffuhrrampe bot Platz für zwei bis drei Schlitten nebeneinander. Für abwärts genügte eine einzige Bahn. Damit die Sklaven nicht bummelten, wurden sie auch beim Abfahren angetrieben. Manche Aufseher setzten sich auf die leeren Schlitten, um nicht laufen zu müssen.

Bauern, die sich mehr oder weniger freiwillig gemeldet hatten, wurden angeblich nur aus Versehen gepeitscht. Der Oberaufseher entschuldigte sich hinterher und versprach Abhilfe. Das Versehen wiederholte sich trotzdem.

Hand in Hand mit dem Bau nach oben ging der Bau ins Innere der Pyramide. Stollen wurden ausgespart oder geschlagen, die Grabkammer und Entlüftungsschächte vorbereitet und Scheingänge angelegt, die Grabräuber irreführen sollten.

Im fünfzehnten Jahr des Pyramidenbaues fiel Unheil auf die Stadt. Neue Sklaven aus dem Süden schleppten eine verheerende Seuche ein. Als sie erkannt wurde, war es zu spät. Jeder dritte Bewohner von Achet Chufu und fast die Hälfte der Pyramidenleute erlagen ihr.

Auch Mutter Baket starb. Sie hatte die Geburt von drei weiteren Enkeln miterlebt und ging ohne Furcht aus dem irdischen Leben. Sedech ließ ihren Körper für die Ewigkeit vorbereiten und in einem Felsengrab nahe der Pyramide beisetzen.

Im Haus der Herrschaft starb Hiram. Er war einer der stärksten Männer von Achet Chufu gewesen.

Der Pharao und seine Familie blieben verschont.

Eineinhalb Jahre später verschied die Königsmutter Hetepheres. Sie starb nicht an der Seuche, die war erloschen. „Ihr Gatte Snofru hat sie zu sich genommen, während sie schlief", hieß es in der Stadt. Sohn Cheops ließ ihr eine kleine Pyramide neben der großen errichten.

Schon kurze Zeit später starb Meritites, die Große königliche Gemahlin. Sie erhielt eine kleine Pyramide neben Hetepheres.

Pharao Cheops heiratete noch zweimal.

Im sechsundzwanzigsten Jahr seiner Regierungszeit wurde das riesige Grabmal, ein Wunder der Baukunst, vollendet. Es war 147 m hoch und stand auf einer Grundfläche von 227 m im Quadrat. Mehr als zwei Millionen Riesenquader waren verbaut worden.

Dann wurden der Taltempel am Nil errichtet, der Totentempel an der Pyramide und der Aufgang, der den Tal- mit dem Totentempel verband.

Nahe der Pyramide entstand ein großer Friedhof für Bevorzugte, die dem Pharao im Jenseits nahe sein sollten. Er war noch nicht vollendet, als der Oberschreiber Sesostris in aller Ruhe entschlief. Sedech ließ ihn, für die Ewigkeit wohl vorbereitet, in einem Felsengrab unterhalb der Pyramide bestatten. Die Vorzüge und guten Taten des Verblichenen schrieb er in heiligen Zeichen an die Wände der Grabkammer.

Pharao Cheops ernannte Sedech zum königlichen Oberschreiber. Der so Ausgezeichnete durfte mit seiner Frau, seinen Kindern, Dienern und Sklaven das Haus des Oberschreibers beziehen.

Frau Scherit führte weiterhin das Haus der Herrschaften, und ihre Gäste lobten sie. Cheops starb im fünfunddreißigsten Jahr seiner Regierung. Sein Sohn Djedefre bestieg den Thron der Pharaonen …

Eine Hand berührte Sedech an der Schulter. Er schrak auf. Es dauerte eine Weile, bis er sich zurechtfand.

Seine Frau Senti stand bei ihm. „Geh schlafen“, bat sie. „Bei Sonnenaufgang musst du am Taltempel sein, da bleibt dir nur noch eine kurze Ruhezeit.“

Die Erinnerung verflog. „Ja, Senti“, sagte er.

Ihre Zuneigung zueinander war in den vielen Ehejahren geblieben. „Du siehst nicht wie achtundvierzig aus“, sagte er. „Nicht einmal wie neununddreißig.“

Sie lächelte. „Und du nicht wie einundfünfzig." Sie half ihm beim Aufstehen. Damit hatte er in letzter Zeit einige Schwierigkeiten.
Plötzlich zuckte Senti zusammen. Sie wies auf die Tonfigürchen und flüsterte: „Siehst du es auch?"
„Meinst du den matten Lichtschein, der sie umgibt?", fragte Sedech. Senti nickte. „Ja. Es ist, als ob sie von innen heraus leuchteten."
Der Schimmer verschwand. „Licht umgab den auferstandenen Osiris", flüsterte Senti.
Sedech hob die Hände und sagte: „Wenn es dein Zeichen ist, gnädiger Gott – danke für Dag."

Das Geheimnis

Schon vor Sonnenaufgang drängte sich das Volk am Nilufer, beim Taltempel, am Aufweg und vor dem Totentempel an der Pyramide zusammen. Die meisten Leute waren festlich gestimmt. Dass Pharao Cheops aus dem irdischen Dasein ins ewige Leben ging, war ein Ereignis, zu dem Männer, Frauen und Kinder aus nah und fern gekommen waren.
Kurz bevor die Sonne über den Bergen im Osten erschien, rauschte die festlich geschmückte Königsbarke auf den Taltempel zu. Weitere Barken folgten ihr. Die Leute am Ufer fielen auf die Knie und streckten zum Zeichen der Verehrung die Hände vor. Manche winkten mit Palmzweigen.
Die letzte irdische Reise des Verewigten dauerte nur kurze Zeit. Der Taltempel lag in der Nähe des königlichen Palastes. Der Sarg hätte zum Tempel getragen werden können, doch die Schiffsreise war vorgeschrie-

ben. Sie symbolisierte die Fahrt des Pharaos in das Reich der Götter.

Auf einem Podest der Königsbarke stand der Sarg, in dem der mumifizierte Körper ruhte. Künstler hatten ihn in der Form eines Menschen aus Holz gefertigt, das Gesicht des Pharaos daraufgemalt und das Holz mit Gold und heiligen Zeichen geschmückt.

Am Kopfende des Sarges stand ein ebenfalls verziertes Tongefäß. Es war zwei Handspannen hoch, versiegelt und enthielt das Herz des Königs.

Auf der Totenbarke fuhren der neue Pharao Djedefre, der Wesir, der Oberpriester des Ptah und sechs Krieger der königlichen Garde mit. Auf den anderen Barken folgten die königliche Familie, hohe Beamte, Priester und andere Vornehme aus nah und fern. Zu den höchsten Beamten zählte der königliche Oberschreiber Sedech.

Als die Sonne aufging, legte die Totenbarke am Taltempel an. Der Ankerstein fiel. Sklaven machten die Barke fest. Aus dem Totentempel klang Musik.

Djedefre und der Oberpriester verließen das Totenschiff. Der neue Pharao trug das Gefäß, in dem das Herz seines Vaters lag. Die Krieger der Garde trugen den Sarg ans Ufer. Ihnen folgten der Wesir, die Priester aus der nächsten Barke, die königliche Familie und die anderen Vornehmen. Der Wesir winkte den Oberschreiber Sedech an seine Seite. Das war eine öffentliche Auszeichnung. Sedech sah es als Gnade der Götter an, die sein Vorhaben guthießen.

„Ich bin des Verewigten Freund“, sagte der Wesir. „Du bist der Meister der Schrift. Sieh und höre, was jetzt um Cheops geschieht. Dann schreibe es auf, damit es die Nachwelt erfährt.“

„Dein Wunsch, Erhabener, ist mir Ehre und Freude", antwortete Sedech.
Der Taltempel war klein, er bot nicht Platz für viele. Nach dem Wesir, Sedech und den Priestern traten nur noch die nächsten Verwandten des Königs ein. Die Krieger stellten den Sarg mit der Mumie an der Rückwand des Tempels ab. Zwei Priester übernahmen ihn und hielten ihn fest. Im zitternden Fackellicht schien der aufrecht stehende Verewigte zu leben. Djedefre stellte den Herzkrug neben der Mumie ab.
Das Ritual begann.
Der neue Pharao Djedefre sprengte Wasser in die vier Himmelsrichtungen, dann entzündete er Weihrauch in vier Schalen. Damit reinigte er symbolisch den Raum und weihte ihn für die Zeremonie der Mundöffnung. Mit diesem Ritual wurde der Tote zum ewigen Leben erweckt.
Doch auch im Jenseits brauchte er Speise und Trank. Um sie zu genießen, musste der Mund geöffnet werden. Und von den gebrochenen Augen musste die Blindheit des Todes fallen, damit der Verstorbene das Leben im Jenseits mit wachen Sinnen genießen konnte.
Ein Gongschlag dröhnte durch den Tempel.
Der Oberpriester trat vor den Sarg. Mit der Dechsel, dem gekrümmten Haken aus geweihtem Kupfer, berührte er den auf den Sarg gemalten Mund und sprach dazu:
„Dein Mund ist geschlossen.
Ich öffne ihn mit dem Gerät aus Erz.
Horus, öffne den Mund,
Horus, öffne den Mund!"
Er wandte sich um und sprach zu den Lebenden:

„Horus hat den Mund geöffnet,
wie er in alten Zeiten
den Mund des Osiris geöffnet hat."
Dann berührte er die Augen auf dem Sarg und sprach zu dem Toten:
„Ich öffne deine beiden Augen
mit dem Gerät aus Erz.
Horus, öffne die Augen,
Horus, öffne die Augen!"
Und zu den Lebenden:
„Horus hat die Augen geöffnet.
Der Verewigte wird sprechen,
sehen und gehen,
und sein Körper wird in der Gemeinschaft
der Götter sein."
Darauf berührte auch Djedefre den Mund und die Augen der Mumie mit der Dechsel und sprach die gleichen Beschwörungen wie der Oberpriester vor ihm.
Zu leisen Harfenklängen murmelten die Priester Gebete.
Sedech fieberte dem Ende der Feier entgegen. Die Tonfigürchen, die er unter seinem Gewand verborgen trug, brannten plötzlich, als glühten sie im Feuer.
Was weiter im Tempel geschah, vernahm er wie durch Nebel hindurch. Das Brennen blieb.
Es hörte erst auf, als der Sarg aus dem Taltempel hinaus- und über den Aufweg zur Pyramide getragen wurde. Dort empfingen ihn die Priester des Totentempels.
Hier war keine Musik. Durch Mauern gedämpft, scholl Blöken von Rindern.
Sedech wusste Bescheid. Sobald der Sarg im Totentempel aufgestellt wurde, erhielt der zu neuem Leben

erweckte Pharao seine erste Wegzehrung. Vier Stiere und vier Kälber mussten ihm geopfert werden.
Das Blöken verstummte.
Und wieder brannte der Ton.
Stumm flehte Sedech die Götter um Barmherzigkeit an. Ich tu' es für Dag und Samut, dachte er beschwörend. Lasst sie mit Cheops leben!
Der Ton brannte nicht mehr.
Auch die Zeremonien im Totentempel wehten an Sedech vorüber. Er machte sich keine Vorwürfe. Was hier geschah, konnte er beschreiben, ohne dass er hinhörte und hinsah. Er hatte es von Priestern erfahren, die mit der Vorbereitung der Zeremonien beauftragt waren.
Die Zeit verrann.
Wie im Traum folgte Sedech dem Sarg in die Grabkammer der Pyramide. Vor dem Eingang erwartete Prinz Hemiu, der oberste Baumeister, den Verewigten und dessen Begleiter.
Er führte sie zuerst durch einen niedrigen Gang schräg nach unten. Der Wesir, der größer als die anderen war, musste sich bücken. Die Priester des Totentempels, die den Sarg trugen, stemmten sich gegen das Abrutschen.
Gleich darauf ging es schräg aufwärts. Dann weitete sich der Stollen zu einem hohen Gang, der über einen waagerechten Knick in die Grabkammer führte.
Viele Fackeln erhellten den hohen Raum. In der Mitte stand der Sarkophag, der den Sarg mit der Mumie aufnehmen sollte. Er war aus dunklem Granit gemeißelt und größer als der Zugang zur Grabkammer. Dahinter ragte ein Podest aus grauem Granit auf.
Überall war Glanz.

Die königliche Familie, Freunde des verewigten Cheops, Vornehme und Reiche hatten ihm Geschenke in das Land des Westens mitgegeben. Priester hatten sie in die Grabkammer getragen. Da lagen gold- und silberbeschlagene Waffen, kostbare Gewänder, kunstvolle Gefäße, Gold-, Silber- und Edelsteinschmuck, Salböle in polierten Dosen, Duftstoffe in Schalen aus Türkis, Löwen- und Pantherfelle und Papyri mit heiligen Zeichen …

Nur einen Augenblick lang stand Sedech geblendet. Dann starrte er auf das Podest. Eine geheimnisvolle Kraft zwang ihn dazu. Und eine Stimme flüsterte: „Berühre das Herz." Sedech erkannte die Stimme seines Stiefvaters Dag. Und ihm war, als spürte er das Herzklopfen der Tonfigürchen, die er bei sich trug.

Die Priester legten den Mumiensarg in den Sarkophag. Der Oberpriester sprach Gebete. Pharao Djedefre stellte den Herzkrug auf das graue Podest.

Von irgendwoher tauchten nubische Sklaven aus dem Dunkel auf. Mit Seilzügen wuchteten sie die Deckplatte auf den Sarkophag. Sie keuchten vor Anstrengung.

Der Deckel rastete ein, die Sklaven verschwanden.

Der Oberpriester verschloss den Sarkophag mit dem heiligen Siegel des Ptah. Weihrauchduft schwelte durch die Grabkammer.

„Berühre das Herz", sagte die Stimme zu Sedech.

Djedefre verneigte sich vor dem Sarkophag, und plötzlich wusste Sedech, was er tun musste. Er trat zu dem neuen Pharao.

„Du störst, Oberschreiber", flüsterte Djedefre ungehalten. „Was willst du?"

Sedech verneigte sich tief. „Ich bin dein Diener, Erha-

bener", antwortet er, „und werde es sein, solang ich lebe. Ich war auch der Diener deines göttlichen Vaters. Gestatte mir, sein Herz zu berühren."
„Komm schon", flüsterte Djedefres Gemahlin ihrem Gatten zu. „Die Luft hier ist zum Ersticken."
„Ja doch", murmelte Djedefre.
„Erlaubst du es, Erhabener?", fragte Sedech.
Der Pharao nickte ärgerlich. „Ich erlaube es. Beeil dich, es ist spät geworden."
Die Sklaven verließen die Kammer, die königliche Familie und die Priester folgten ihnen. Niemand achtete auf den Oberschreiber.

Sedech trat zu dem Podest, auf dem der Herzkrug des Cheops stand. „Höre mich, Pharao", flüsterte er beschwörend. „Dag und Samut sind deine Freunde. Lass sie bei dir sein, sie haben es verdient. Was du über sie wissen musst, ist in ihren Abbildern verborgen. Ich habe es dir aufgeschrieben." Mit zitternder Hand strich er über das Gefäß. Dann holte er die Tonfigürchen aus seinem Gewand, stellte sie hinter den Krug, in dem das Herz des Pharaos lag, und eilte den anderen nach.

Kurz darauf glitten die Fallblöcke nieder, die den Zugang zum Grab des Cheops versperrten.

In der Nacht erschienen Sedech zwei Männer. Den einen erkannte er. „Vater Dag?", fragte er im Traum.

„Ich bin es", antwortete die Erscheinung. „Der Mann neben mir ist Samut, mein Freund."

„Du hast zwei Arme", murmelte Sedech.

Dag lächelte. „Mit Dedis Hilfe hast du sie mir gegeben. Ich hab' auch beide Augen wieder."

„Jetzt sind wir bei Cheops", sagte Samut. „Er ist freundlich zu uns."

Dag streckte dem Stiefsohn die Hände entgegen. Als Sedech nach ihnen griff, verschwanden die Traumgestalten …

„Ich träumte Seltsames", erzählte Frau Senti am nächsten Morgen. „Im Traum sah ich Dag und seinen Freund Samut. Sie sagten mir, dass sie bei Cheops seien."

„Ich sah sie auch", sagte Sedech. „Den Göttern sei Dank."

Am Nachmittag waren er und Senti Gäste im Hause der Herrschaften. Frau Scherit feierte ihren Abschied aus dem Geschäftsleben. „Ich bin nicht mehr die Jüngste", meinte sie, „und denke, etwas Ruhe verdient zu haben." Sie übergab die Nobelschenke ihrem Enkel Dag und dessen Frau, die ihr bisher schon tüchtig zur Hand gegangen waren.

„Heute Nacht träumte ich von Dag", erzählte sie den Gästen.

„Von meinem Vater?", fragte ihr Urenkel. Er war sechs Jahre alt und lauschte gern, wenn Erwachsene miteinander redeten.

„Aber nein", erwiderte Großmutter Senti. „Es ist ..."

„Pssst", warnte Sedech.

„Was ist es denn, Großvater?", drängte der Kleine.

Sedech hob den Finger. „Ein Geheimnis, lieber Enkel. Es liegt unter zwei Millionen Steinblöcken begraben. Nur ich, deine Großmutter Senti und deine Urgroßmutter Scherit wissen davon. So soll es bleiben, sonst wäre es ja kein Geheimnis mehr."

Wort- und Sachverzeichnis

Ägypten und der Nil: Das heutige Ägypten bildet ein Viereck von etwa 1000 km Länge und Breite. Begrenzt wird es im Norden vom Mittelmeer, im Westen von Libyen, im Süden vom Sudan, im Osten von Israel und dem Roten Meer. „Lebensader" ist der Nil. Nur seine Ufer, einige Oasen und das riesige Mündungsgebiet (das Nildelta) sind fruchtbar und stark besiedelt. Der größte Teil des Landes ist Wüste und Steppe.

Mit 6671 km ist der Nil Afrikas größter Strom. 5 bis 20 km breit ist die fruchtbare oberägyptische „Stromoase" an beiden Ufern; etwa 24 000 qkm bedeckt das unterägyptische Mündungsdelta. Sommerregen im äthiopischen Hochland lassen den Nil zum fruchtbringenden Strom anschwellen. Ihr Ausbleiben bedeutet Hunger und Not. Heute regulieren Stauwerke den Wasserhaushalt, verhindern Überschwemmungskatastrophen und sind Speicher für Trockenzeiten. Sie verändern jedoch viele natürliche Lebensräume (nicht immer zum besten).

Nach dem Nilrhythmus teilten die alten Ägypter das Jahr in drei Abschnitte. „Achet" (von etwa Mitte Juni bis Mitte Oktober) war „die Zeit der Überschwemmung". Der Nil bedeckte das Land mit fruchtbarem Schlamm. Freiwillige und zwangsverpflichtete Bauern arbeiteten an den Bauwerken der Pharaonen. „Peret" (Mitte Oktober bis Mitte Februar) hieß „die Zeit des Auftauchens der Felder aus dem Wasser", die Zeit der Aussaat. Es folgte „Schemut" (Mitte Februar bis Mitte Juni), die Erntezeit.

Diener und Sklaven waren im alten Ägypten nicht dasselbe. Diener wurden „bezahlt" (siehe „Geld"). Sie arbeiteten in einfachen und gehobenen „Diensten" (vergleichbar etwa mit heutigen Angestellten). Sklaven (hauptsächlich Kriegsgefangene) galten als Ware. Sie waren Eigentum ihrer Herren und Herrinnen, hatten keine Rechte und mussten meist schwerste Arbeiten verrichten. Dafür erhielten sie außer (oft menschenunwürdiger) Unterkunft und Verpflegung keinen Lohn. Sie durften misshandelt, verkauft, ja sogar getötet werden. Viele verrichteten ihre „Sklavenarbeit" in Ketten. Wer zu einem guten Herrn kam, dankte den Göttern.

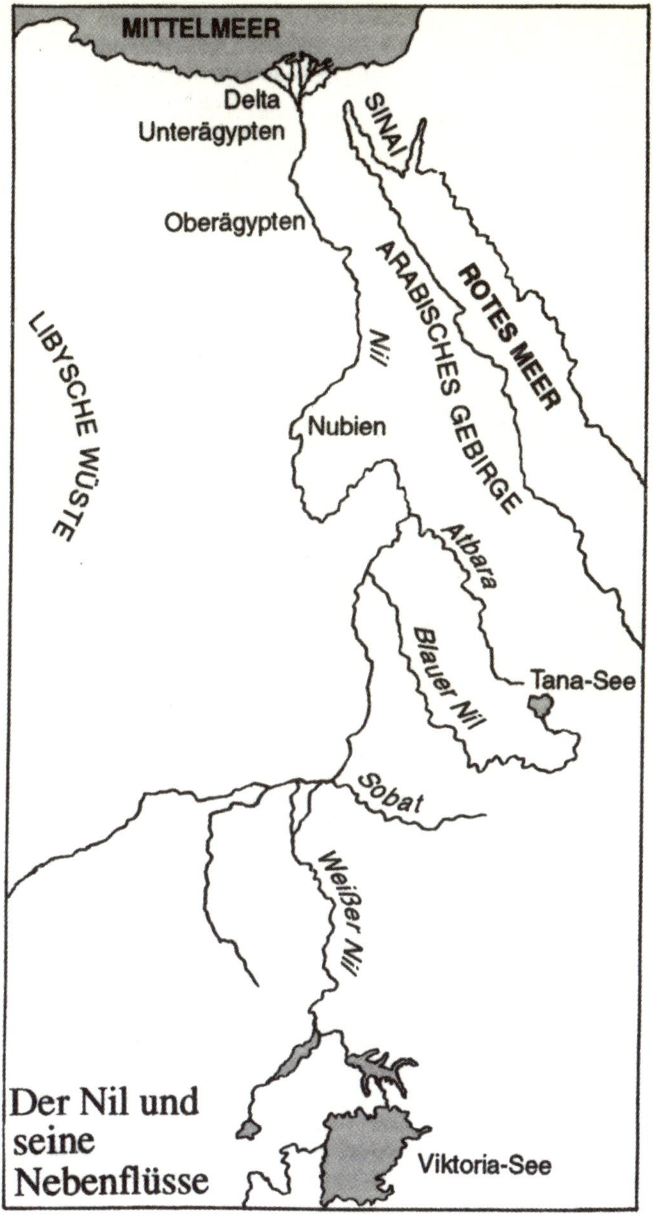

Der Nil und seine Nebenflüsse

Dynastie: Herrschergeschlecht. Zur 4. Dynastie, deren Könige von etwa 2630 bis 2475 v. Chr. regierten, gehörten die Pharaonen Snofru, Cheops (Chufu), Djedefre, Chefren (Chephren), Menkaure (den griechische Geschichtsschreiber Mykerinos nennen), Schepseskaf und Thamphthis. Nach neuen Forschungsergebnissen regierten am längsten Snofru (etwa 40 Jahre), Cheops und Chefren (je etwa 35 Jahre).

Emmer: eine Weizenart.

Garde: Elitetruppe, Leibwache.

Geld: Wie überall in vor- und frühgeschichtlicher Zeit gab es auch im alten Ägypten zunächst den Tauschhandel (Ware gegen Ware). Erst um 300 v. Chr. wurde mit Münzen bezahlt. Während der 4. Dynastie wurde neben Naturalien und Handwerksprodukten auch Gold, Silber und Kupfer in Zahlung genommen (als Stücke, Reifen und Ringe). Gold war sehr kostbar.

Gizeh (auch Giseh, Gise, Gisa und Giza): heute eine ägyptische Großstadt südwestlich der Hauptstadt Kairo. Auf dem Plateau von Gizeh erheben sich die Cheops-, die Chefren- und die Mykerinospyramide, dazu die kleinen Pyramiden der Königinnen.

Götter: Was Leben gab und Leben bedrohte, galt als heilig. Das eine bat man um Segen, das andere um Gnade. So Snofrus und Cheops' Zeiten wurden besonders die Himmelsgöttin Nut, der Schöpfergott Ptah, die Mutter- und Schutzgöttin Isis, ihr Gemahl Osiris, der Gott der Toten, des Lebens und der Fruchtbarkeit, beider Sohn Horus, der falkenköpfige Schutzgott der Könige, der Wüstengott Seth und dessen Gemahlin Nephthis, die Schwester der Isis und Schutzgöttin der Frauen, verehrt. Manche Gottheiten trugen Tierköpfe auf menschlichen Körpern.

Nach dem Ende der 4. Dynastie wird Re (auch Ra genannt), der Sonnengott von Heliopolis, zum Staatsgott erklärt. Einige Zeit später wird er mit Amon (Amun), dem Stadtgott von Theben, zur allbeherrschenden Reichsgottheit Amon Re (Amun Ra) vereinigt. Pharao Echnaton (etwa 1364 bis 1347 v. Chr.) erklärt Aton, die Sonne, zur alleinigen Gottheit und setzt alle anderen Götter ab. Zwischen den Aton- und den Amunpriestern entbrennt ein Kampf auf Leben und Tod.

Große königliche Gemahlin war der Titel der Gattin (Hauptfrau) des Pharaos.

Hemiu (auch Hemiunu): oberster Baumeister aus königlicher Familie. Schon sein Vater Nefermaat war mit der Oberaufsicht über den Bau königlicher Grabanlagen betraut worden.

Kommandopeitsche: Zeichen des Offiziersranges (entspricht etwa den Schulterklappen auf heutigen Uniformen).

Kronen: Die „Weiße Krone" Oberägyptens und die „Rote Krone" Unterägyptens wurden nach dem Zusammenschluss der beiden Länder durch Pharao Menes (um 3000 v. Chr.) zur „Doppelkrone" vereinigt. Die Uräusschlange (Brillenschlange) daran versinnbildlicht die Königsmacht.

Land des Westens: Reich der Götter, Jenseits.

Libyen: heute arabische Republik in Nordafrika (westlich von Ägypten); Hauptstadt Tripolis.

Mumifizierung: Die alten Ägypter glaubten, dass nur Verstorbene, deren Körper erhalten bleiben, ins ewige Leben eingehen. Über die Mumifizierung (das Erhalten und Bewahren des Leibes) berichtet der griechische Geschichtsschreiber Herodot (um 450 v. Chr.): „Sie (die Priester) ziehen zuerst mit einem gekrümmten Draht das Gehirn durch die Nase heraus. Dann schneiden sie den Leib auf und entnehmen ihm die Eingeweide ... Die Körperhöhlen werden mit Palmwein und zerstoßenem Räucherwerk ausgespült. Dann füllen sie die Bauchhöhle mit Myrrhe und anderen Spezereien. Hierauf nähen sie sie wieder zu. Dann balsamieren sie den Körper mit Natron und verwahren ihn 70 Tage lang. Dann waschen sie ihn und umwickeln ihn mit Leinenbinden, die sie mit einer Gummilösung überstreichen ... Dann übernehmen die Angehörigen den Leichnam und verfertigen einen Sarg in menschlicher Gestalt. Sie legen den Leichnam hinein und lehnen ihn in einer Grabkammer an die Wand."

Besonders Reiche bewahrten die Mumie in mehreren ineinandergeschachtelten Särgen auf.

Sklaven und Verbrecher wurden verscharrt. Um ihr ewiges Leben kümmerte sich niemand.

Zu Cheops' Zeiten wurde das Herz eines vornehmen Verstorbenen in einem eigenen Gefäß aufbewahrt. Später bewahrte man Lunge, Leber, Magen und Gedärme in Eingeweidekrügen (Kanopen) auf. Die Deckel der 35 bis 40 cm hohen Kanopen waren als Schutzgötterköpfe gestaltet.

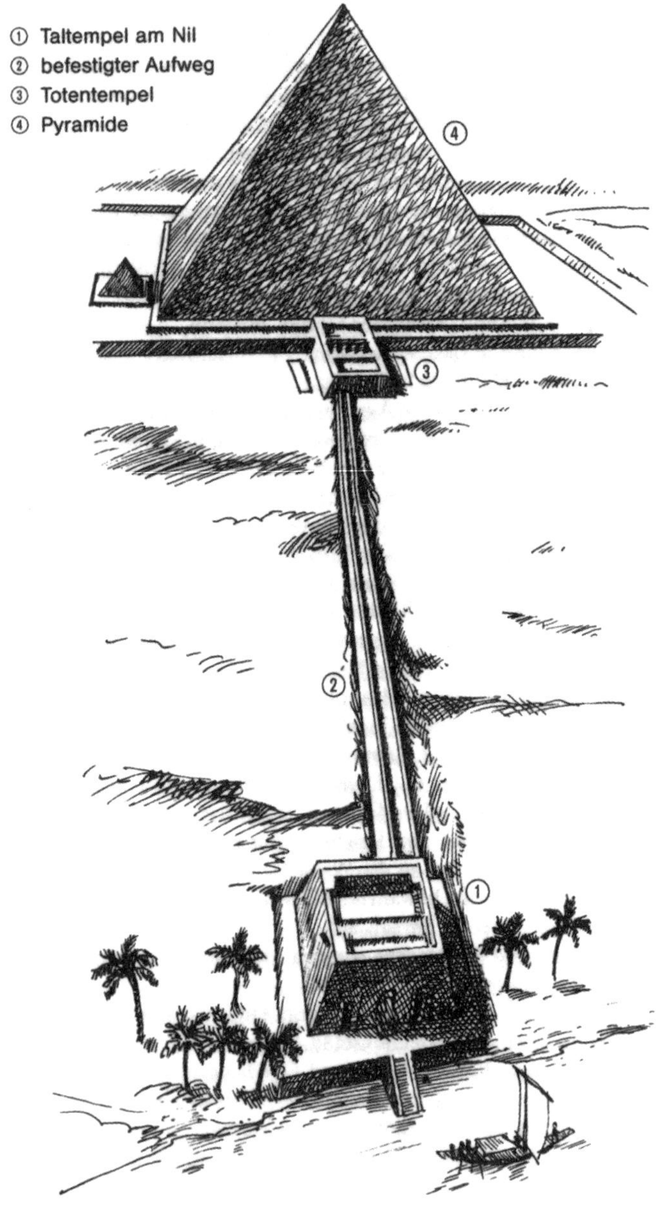
① Taltempel am Nil
② befestigter Aufweg
③ Totentempel
④ Pyramide
④
③
②
①

Nilschiffe: Als Fischer- und Fährkähne benutzten die alten Ägypter einfache Boote aus zusammengebundenen Papyrusgarben (Binsenboote). Aus Holz bauten sie größere Nilschiffe, die wegen des meist geringen Wasserstandes keinen Kiel hatten. Sie besaßen ein Segel und das charakteristische Doppelruder. Wegen der Windströmung im Niltal (von Nord nach Süd) wurde flussaufwärts gesegelt, flussabwärts (mit der Strömung) gerudert. Reiche Ägypter reisten in Prunkbarken. Große, breitgebaute Frachter transportierten schwerste Ladungen.
Der Ankerstein ist ein Vorläufer des Metallankers. Er war ein schwerer Steinblock, der (an einem dicken Tau) im seichten Wasser auf Grund geworfen wurde.

Nubien: von Tafelbergen überragtes Steppen- und Wüstenland südlich von Ägypten. Die alten Ägypter nannten es „Kusch". Heute gehört es größtenteils zur Republik Sudan.

Omen: (gutes oder schlechtes) Vorzeichen.

Papyrus: Vorläufer des Papiers. Das in Streifen geschnittene Mark der Papyrusstaude wurde kreuzweise übereinandergelegt und durch ein- bis zweistündiges Schlagen „gepresst". Dann wurde das „Papier" ausgerollt, poliert und mit weiteren „Blättern" zur Rolle aneinandergeklebt. Beschrieben wurden die Papyri mit einer Tusche aus Gummilösung und Ruß.

Pyramiden: riesige Königsgräber (der ägyptischen Pharaonen). Die berühmtesten sind die Cheops-, die Chefren- und die Mykerinospyramide bei Gizeh.

Schreiber waren mächtig im alten Ägypten. Da die meisten einfachen Leute nicht lesen und schreiben konnten, waren sie – wenn es um Geschriebenes ging – auf die Schreiber angewiesen. Diese hatten Polizeigewalt. Sie warben Krieger an, trieben Steuern ein und überwachten Staats- und Tempeldienste.

Schrift: „Heilige Zeichen" waren die Hieroglyphen. Der Ausdruck ist altgriechisch und bedeutet „heilige Einritzungen". Sie waren eine aus etwa 800 Zeichen bestehende Bilderschrift. Für den täglichen Gebrauch verwendeten die Schreiber bald die „hieratischen" Zeichen.

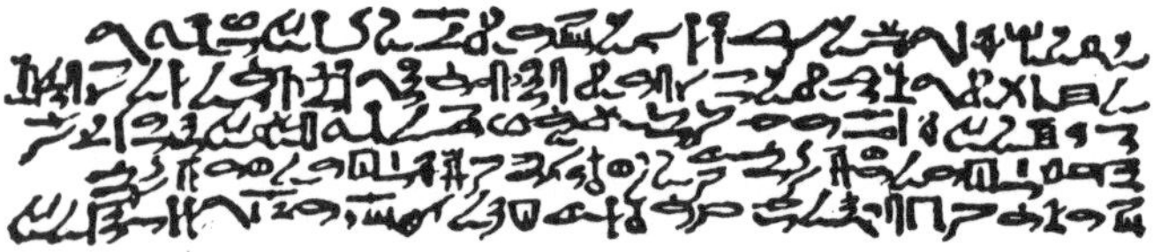

Ab dem 7. vorchristlichen Jahrhundert entwickelte sich aus der hieratischen die „demotische" Schrift, die „Volksschrift".

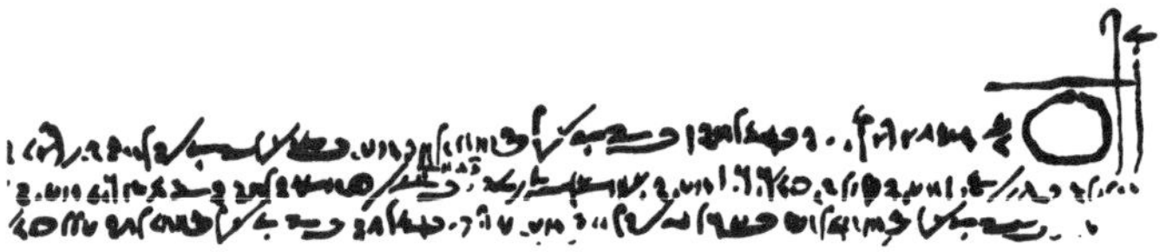

Geschrieben wurde auf Papyrus und – vor allem Notizen, Entwürfe und Schreibübungen – auf Kalksteintäfelchen, da Papyrus teuer war. Später wurde auch auf Leder und Pergament geschrieben.

Sieben Weltwunder (des Altertums): 1. die ägyptischen Pyramiden, 2. die Hängenden Gärten der Semiramis in Babylon, 3. der Artemistempel in Ephesos, 4. die Zeusstatue des Bildhauers Phidias in Olympia, 5. das Mausoleum in Halikarnassos, 6. der Koloss von Rhodos, 7. der Leuchtturm der Insel Pharos bei Alexandria.

Sinai: ägyptische Halbinsel im Osten des Landes; grenzt an Israel.

Syrien: heute arabische Republik (nordöstlich von Ägypten); Hauptstadt Damaskus.

Türkis: blauer, blaugrüner oder grüner Schmuckstein.

Wassermaß: Die alten Ägypter maßen die Zeit (auch) mit Wasseruhren. Ein Wassermaß entspricht hier einer Stunde. Die Zeitmessung mit Sanduhren kennen wir heute noch (in der Sauna z. B.).

Wesir: Als höchster Verwaltungsbeamter war er der weltliche Stellvertreter des Pharaos.

Zisterne: Auffangbehälter für Regenwasser, Ziehbrunnen.

Zuchttiere waren im alten Ägypten hauptsächlich Rinder, Schweine, Schafe, Ziegen, Esel, Antilopen, Gänse, Enten, Kraniche und Tauben. Pferde kannten die Ägypter zu Cheops' Zeiten nicht. Erst die Hyksos, die um 1650 v. Chr. von Syrien her einfielen, brachten das Pferd ins Nilland. Von den Eroberern lernten die Ägypter auch den Wagen kennen, der dann den bisherigen Lastschlitten verdrängte. Hühner wurden in Ägypten erst im 6. Jahrhundert v. Chr. bekannt.

Zum Schluss ein Hinweis: Sollte der eine oder andere Ausdruck in dieser Erzählung noch unklar und in diesem Verzeichnis nicht erläutert sein, hilft Nachsehen im Atlas oder im Lexikon.

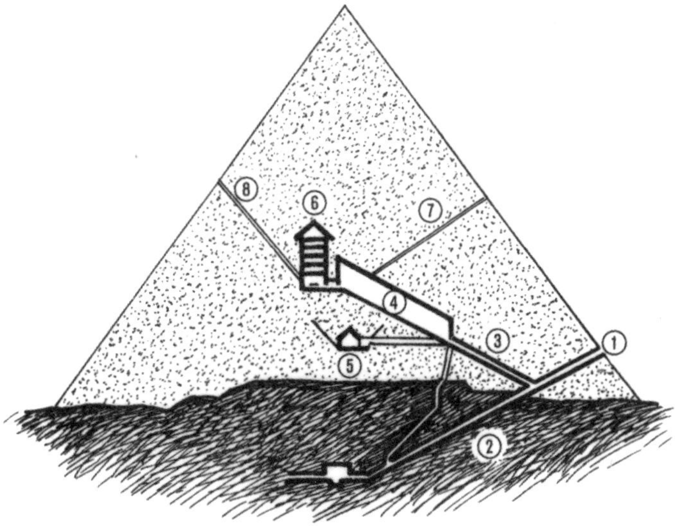

① Eingang, ② Abwärtsgang zu einer nicht vollendeten Kammer, ③ Aufwärtsgang, ④ „Große Galerie“, ⑤ Seitengang, der in eine Grabkammer führt, ⑥ „Königskammer“ mit Sarkophag, ⑦ und ⑧ Luftschächte

Liebe Mädchen und Jungen,

ich würde mich freuen, von der (dem) einen oder anderen von euch einen Brief zu bekommen. Schreibt mir, was ihr über die Geschichte denkt. Vergesst bitte nicht, eure Adresse anzugeben. Und wenn ihr nett seid, legt ihr eine Briefmarke (als Rückporto) bei. Dafür verspreche ich, euch ganz bestimmt zu antworten.

Euer

Josef Carl Grund
Trierer Straße 176
90469 Nürnberg

KATTARASENKE
Sphinx mit
Cheopspyramide
bei Gizeh
LIBYSCHE WÜSTE
Kasr Farafra
N
200 km

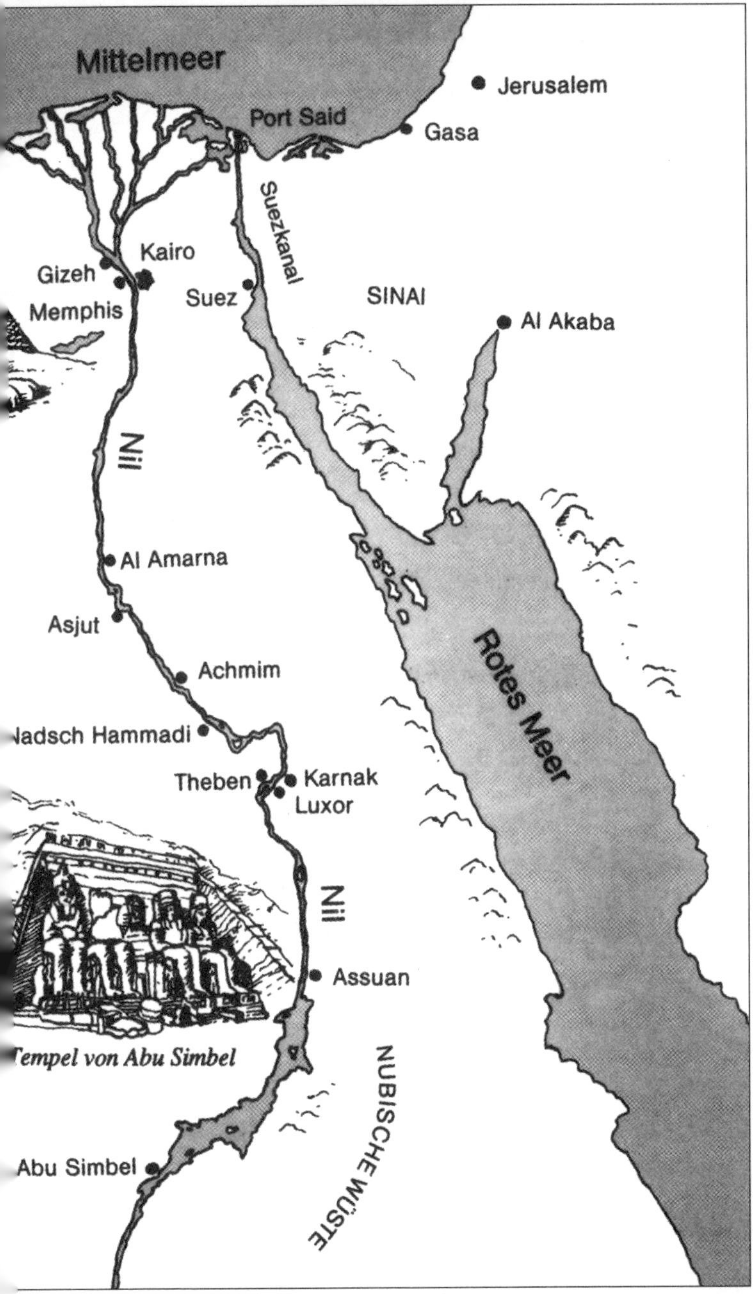
Mittelmeer
Jerusalem
Port Said
Gasa
Suezkanal
Kairo
Gizeh
Memphis
Suez
SINAI
Al Akaba
Nil
Al Amarna
Asjut
Achmim
Rotes Meer
Nadsch Hammadi
Theben
Karnak
Luxor
Nil
Assuan
Tempel von Abu Simbel
NUBISCHE WÜSTE
Abu Simbel